ダライ・ラマの般若心経

日々の実践

Integrating the Heart Sutra into Daily Practice, the Dalai Lama Explains

三和書籍

はしがき

ダライ・ラマ法王は平成二十三年三月十一日に発生した東日本大震災にて犠牲になった方々のため、十万回の『般若心経』の読経を行うようチベットの僧侶たちに指示を出されました。犠牲者の四十九日には来日し、東京・護国寺にて慰霊法要を執り行われました。ダライ・ラマ法王は『般若心経』を日常唱えているひとりの僧侶として、同じ仏教徒である日本の人々がこの苦難に際し、『般若心経』を唱えることはとてもよいことであり、それは被災して犠牲となった尊い方々の供養となるのみならず、さらなる災害を防ぐ助けにもなるとも述べていらっしゃいます。

今回、本書を通じてチベット仏教の教えをお読みいただけることは、まことに喜ばしく、チベット仏教に関心をお持ちいただいた皆様にとって、本書がお役にたつものとなるよう念願してやみません。本書をご出版いただいた三和書籍様にお礼を申し上げます。そして善光寺の関係者様はじめ、金沢に於ける法話の原稿をご提供くださり、普段よりご理解くださっている佛性會（馬場和代会長）様、献身的に通訳・校正していただいたマリア・リンチェン様に心から感謝申し上げます。

今、われわれチベット人は国を失い、厳しい状況にありますが、ダライ・ラマ法王は世界各地を飛び回って教えを説いておられます。このような時代にこそ、二五五〇年もの歴史を持つ仏教文化を通して、チベットにご関心をお寄せいただいた日本の皆様に少しでも貢献できればと考えております。

平成二十三年十月吉日

ダライ・ラマ法王日本代表部事務所
日本・東アジア代表　ラクパ・ツォコ

目次

2. 心によき変容をもたらすために――26

Ⅲ

仏陀の境地をめざす
チベット仏教の教え

本書はダライ・ラマ法王の来日講演・法話をまとめたものです。

「第Ⅰ部」は、二〇一〇年六月二十日に善光寺主催により長野市ビッグハットで行われた講演「善き光に導かれて――今、伝えたい心」を収録。「第Ⅱ部」は、二〇一〇年六月二十二日に佛性會主催により石川県金沢市で行われた法話「『般若心経』の解説――希望へのみちしるべ」を収録。「第Ⅲ部」は、一九九八年にダライ・ラマ法王日本代表部事務所が発行した冊子「チベット仏教の教え」（一九九五年、金沢市で行われた法話「チベット仏教の教え」をまとめたもの）から、第一章「仏陀の境地をめざす」を収録しました。

「第Ⅰ部」「第Ⅱ部」については、ダライ・ラマ法王来日時の通訳を担当しているマリア・リンチェンさんが翻訳したものを掲載しています。「第Ⅲ部」は、ゲシェー・テンパ・ギャルツェン先生、馬場京子さん、馬場れい子さん、ツェリン・デキさんが冊子発行当時共同翻訳した原稿を、本書収録にあたって、マリア・リンチェンさんに加筆修正をお願いし、掲載しています。

また、本書における註は『佛教語大辞典』（東京書籍）、『岩波仏教辞典』（岩波書店）、『新仏教辞典　増補』（誠信書房）を参考に作成しています。

The Heart Sutra — Translated from the Tibetan Text

大本『般若心経』

チベット語『般若心経』からの和訳

大本『般若心経』

サンスクリット語で『バガヴァティー・プラジュニャー・パーラミター・フリダヤ』
チベット語で『チョムデン・デーマ・シェーラプキ・パロルトゥ・チンペー・ニンポ』
（『仏母である完成された智慧の心髄』）
〈仏説摩訶般若波羅蜜多心経《ぶっせつまかはんにゃはらみったしんぎょう》〉

聖なる三宝に礼拝いたします

このように私は聞いた。ある時、世尊（釈尊）は王舎城《おうしゃじょう》（ラージギール）と霊鷲山《りょうじゅせん》において、比丘《びく》の偉大な集まりと菩薩《ぼさつ》の偉大な集まりとともに坐っておられた。その時世尊は、深遠なる現われという多くの現象についての三昧にお入りになったのである。

またその時、偉大なる聖観自在菩薩《せいかんじざいぼさつ》が〈世尊の加持を受けて〉深遠なる般《はん》若波羅蜜《にゃはらみつ》（完成された智慧）の行をよく観じ、五蘊《ごうん》もまた、その自性による成立がない空の本質を持つものであるということを見極められた。

〈観自在菩薩《かんじざいぼさつ》　行深般若波羅蜜多時《ぎょうじんはんにゃはらみったじ》　照見五蘊皆空《しょうけんごうんかいくう》　度一切苦厄《どいっさいくやく》〉*1

すると、仏の〈加持の〉力によって、シャーリプトラ尊者（舎利弗尊者）が聖観自在菩薩にこう尋ねた。

「善男子（大乗の気質が覚醒した者）の誰かが、般若波羅蜜の深遠なる行を実践したいと望むならば、どのように学ぶべきであろうか」

そのように問われて、聖観自在菩薩はシャーリプトラ尊者にこう答えた。

「シャーリプトラよ、深遠なる般若波羅蜜の行を実践したいと望む善男、善女は誰でも、このようによく見極めるべきである。つまり、五蘊もまた、その自性による成立がない空の本質を持つものであるということを、正しく以下の如く見極めなければならない。

〈舎利子《しやりし》〉

物質的な存在（色《しき》）は空である。空は物質的な存在（色）である。物質的な存在（色）は〈物質的な存在（色）の〉空と別のものではない。〈物質的な存在（色）の〉空も物質的な存在（色）と別のものではない。

〈色不異空《しきふいくう》　空不異色《くうふいしき》　色即是空《しきそくぜくう》　空即是色《くうそくぜしき》*2〉

同様に、感受作用（受《じゅ》）、識別作用（想《そう》）、意志作用と形成力（行《ぎょう》）・認識作用（識《しき》）も空である。

〈受想行識亦復如是《じゅそうぎょうしきやくぶにょぜ》〉

シャーリプトラよ、そのように、すべての現象は空である。すなわち特徴（相）というものがなく、生じたということもなく、滅したということもなく、汚れていることもなく、汚れから離れているということもなく、減るということもなく、増えるということもないのである。

〈舎利子《しやりし》　是諸法空相《ぜしよほうくうそう》　不生不滅《ふしようふめつ》　不垢不浄《ふくふじよう》　不増不減《ふぞうふげん》〉

シャーリプトラよ、それ故に、空においては、物質的な存在（色）がなく、感受作用（受）がなく、識別作用（想）がなく、意志作用と形成力（行）がなく、認識作用（識）もない。

〈是故空中《ぜこくうちゆう》　無色《むしき》　無受想行識《むじゆそうぎようしき》〉

眼もなく、耳もなく、鼻もなく、舌もなく、からだもなく、心もなく、物質的な存在もなく、音もなく、香りもなく、味もなく、触れられる対象もなく、

（心の対象となる）現象もない。

〈無《む》眼《げん》耳《に》鼻《び》舌《ぜっ》身《しん》意《に》　無《む》色《しき》声《しょう》香《こう》味《み》触《そく》法《ほう》〉

眼の領域（眼界《げんかい》）から意識の領域（意界）に至るまで、さらに非感覚的意識の領域（意識界）に至るまで〈のすべて〉もない。

〈無《む》眼《げん》界《かい》　乃《ない》至《し》無《む》意《い》識《しき》界《かい》〉

無明もなく、無明が尽きることもない。これより、老死もなく、老死が尽きることに至るまで〈のすべて〉もない。

〈無《む》無《む》明《みょう》　亦《やく》無《む》無《む》明《みょう》尽《じん》　乃《ない》至《し》無《む》老《ろう》死《し》　亦《やく》無《む》老《ろう》死《し》尽《じん》〉

同様に、苦しみも、苦しみの因も、苦しみの止滅も、苦しみの止滅に至る道もない。智慧もなく、〈果を〉得ることもなく、得ないということもない。

〈無《む》苦《く》集《しゅう》滅《めつ》道《どう》　無《む》智《ち》亦《やく》無《む》得《とく》〉

シャーリプトラよ、そこで〈悟りという果を〉得ることがないため、菩薩たちは般若波羅蜜を拠りどころにして住するのであり、心には障りがないため、恐れもない。誤った考えを完全に離れて、涅槃に至るのである。

〈以《い》無《む》所《しょ》得《とく》故《こ》　菩《ぼ》提《だい》薩《さっ》埵《た》　依《え》般《はん》若《にゃ》波《は》羅《ら》蜜《みっ》多《た》故《こ》
心《しん》無《む》罣《けい》礙《げ》　無《む》罣《けい》礙《げ》故《こ》　無《む》有《う》恐《く》怖《ふ》　遠《おん》離《り》一《いっ》切《さい》顛《てん》倒《どう》夢《む》想《そう》　究《く》竟《きょう》涅《ね》槃《はん》〉

三世におわすすべての仏陀たちもまた、般若波羅蜜を拠りどころとして、無上の完全なる悟りを達成して仏陀となられたのである。

〈三《さん》世《ぜ》諸《しょ》仏《ぶつ》　依《え》般《はん》若《にゃ》波《は》羅《ら》蜜《みっ》多《た》故《こ》　得《とく》阿《あ》耨《のく》多《た》羅《ら》三《さん》藐《みゃく》三《さん》菩《ぼ》提《だい》〉

故に、般若波羅蜜の真言は、大いなる明知の真言であり、無上の真言であり、無比を同等にする真言であり、すべての苦をよく鎮める真言である。〔これは〕偽りではないので、真実であると知るべきである。そこで般若波羅蜜の真言をこのように説く。すなわち、

〈故知《こち》般若波羅蜜多《はんにゃはらみった》　是大神呪《ぜだいじんしゅ》　是大明呪《ぜだいみょうしゅ》　是無上呪《ぜむじょうしゅ》　是無等等呪《ぜむとうどうしゅ》
能除一切苦《のうじょいっさいく》　真実不虚《しんじつふこ》　故説般若波羅蜜多呪《こせつはんにゃはらみったしゅ》　即説呪曰《そくせつしゅわつ》〉

ガテー・ガテー・パーラガテー・パーラサムガテー・ボーディスヴァーハー
〈行け、行け、彼岸に行け、彼岸に正しく行け、さとりを成就せよ〉
〈掲帝《ぎゃてい》　掲帝《ぎゃてい》　般羅掲帝《はらぎゃてい》　般羅僧掲帝《はらそうぎゃてい》　菩提僧莎訶《ぼうじそわか》〉

シャーリプトラよ、偉大なる菩薩は、このように深遠なる般若波羅蜜を学ぶべきである」
〈聖観自在菩薩がこのように答えると、〉その時世尊は三昧から立ち上がって、

聖観自在菩薩を大いに讃えられた。

「善く言った、善く言った、善男子よ、その通りである。善男子よ、その通りであり、汝が示した通りに、深遠なる般若波羅蜜を行じるべきである。如来たちも心から随喜《ずいき》されている」

世尊がこのように言われたので、シャーリプトラ尊者、聖観自在菩薩、まわりにいたすべての者たちと、神、人、阿修羅、乾闥婆《けんだつば》（食香、ガンダルヴァ）などの世間の者たちが随喜して、世尊のお言葉を讃えたのである。

Translated from the Tibetan Text by Maria Rinchen, revised 2011.

＊1　チベット語訳には漢訳の「度一切苦厄」にあたる部分がないため、漢訳の「度一切苦厄」は（　）に入れた。

＊2　この部分は、漢訳とチベット語訳では順序が逆になっている。漢訳では「色不異空、空不異色　色即是空、空即是色」の順だが、チベット語訳は「色即是空、空即是色、色不異空、空不異色」の順である。

I

A Guide to the Mind of Clear Light

善き光に導かれて

今、伝えたい心

1.『般若心経』のエッセンス

「世俗の真理」と「究極の真理」

仏教の教えには、パーリ語による教えとサンスクリット語による教えという二つの伝統があり、これらの言語は般若経をはじめとする経典の言葉になっています。

『般若心経《はんにゃしんぎょう》』には、次のように述べられている部分がありますね。

眼もなく、耳もなく、鼻もなく、舌もなく、からだもなく、心もなく、物質的な存在もなく、音もなく、香りもなく、味もなく、触れられる対象もなく、（心の対象となる）現象もない

〈無眼耳鼻舌身意　無色声香味触法〉

般若経には、『十万頌般若《じゅうまんじゅはんにゃ》』『二万五千頌般若《にまんごせんじゅはんにゃ》』、そして短いものでは『金剛般若経《こんごうはんにゃきょう》』などがあり、これらの経典にも同じことが説かれていています。

眼《げん》・耳《に》・鼻《び》・舌《ぜつ》・身《しん》・意《い》とは、視覚（眼根）・聴覚（耳根）・嗅覚（鼻根）・味覚（舌根）・触覚（身根）の五感と意識（意根）を合わせた六つの知覚能力（六根《ろっこん》）のことであり、色《しき》・声《しょう》・香《こう》・味《み》・触《そく》・法《ほう》は、六つの知覚能力の認識対象（六境《ろっきょう》）のことで、これらを合わせて十二の領域（十二処）といいます。

そして、これらの十二の領域は、世俗のレベルでは確かに存在していますが、究極のレベルにおいては、実体を持って成立しているのではない、という二つのレベルの存在のしかたの違いが明らかにされているのです。

ですから、「ある」というのは、世俗のレベルにおける真理であり、「ない」というのは、究極のレベルにおける真理です。

中観派《ちゅうがんは》*のテキストには、「世俗の真理」と「究極の真理」という「二つの真理」（二諦《にたい》）が説かれています。「世俗の真理」に基づいていえば、眼や耳、そして物質的な存在や音などは、確かに存在していますが、「究極の真理」に基づいていえば、それらは実体を持って成立しているのではない、といわれているのです。

五蘊もまた、空である

『般若心経』は、膨大な般若経の中のひとつの経典ですが、そのはじめの方に、次のように述べられています。

五蘊もまた、その自性による成立がない空の本質を持つものであるということを、正しく以下の如く見極めなければならない。

これは、漢訳にある「照見五蘊皆空《しょうけんごうんかいくう》」という部分を受けて、聖観自在菩薩《せいかんじざいぼさつ》がシャーリプトラ（舎利弗《しゃりほつ》）に述べられているお言葉です。

五蘊《ごうん》*とは、私たちの心とからだを構成している五つの要素のことをいいます。

「自性による成立」とは、他のものに依存せず、それ自体の側から独立した実体を持って成立していることを意味しており、仏教では、「自性による成立」がないことを「空《くう》」といいます。

この部分にあたるサンスクリット語とチベット語の経典の中には、「五蘊もまた、」という部分の「～もまた、」という接続詞がありますが、漢訳の中には「～もまた、」という接続詞はありません。ですから、日本で唱えられている『般若心経』にも、「～もまた、」という接続詞はないと思います。

そこで、「五蘊もまた、」という言葉に含まれる隠された意味を説明していきましょう。

「無我」の教え

この世界にはさまざまな宗教があり、「自我」はあるのかないのか、という哲学的な

中観派　仏教の哲学学派には、説一切有部〔せついっさいうぶ〕、経量部〔きょうりょうぶ〕、唯識派〔ゆいしきは〕、中観派という四つの学派がある。説一切有部と経量部は小乗仏教の学派で、唯識派と中観派は大乗仏教の学派である。中観派はさらに、中観自立論証派〔ちゅうがんじりゅうろんしょうは〕と中観帰謬論証派〔ちゅうがんきびゅうろんしょうは〕に分かれる。

五蘊　色（物質的な存在）・受（感受作用）・想（識別作用）・行（意志作用と形成力）・識（認識作用・いわゆる意識のこと）という私たちの心とからだを構成する五つの集まりのこと。

問いに対して、それぞれの立場からの主張がされていますが、仏教では「無我」の教えが説かれており、「自我は存在しない」と主張しています。

しかし、「自我は存在しない」という意味は、「自我はそれ自体の側から実体を持って存在しているのではない」ということであり、日常生活における世俗のレベルにおいて、「自我」がまったく存在していないという意味ではありません。世俗のレベルでは、「自我」や「私」は確かに存在しているからです。

では、何がないのかというと、「私たちの心とからだの構成要素である五蘊とは別個のものとして、永遠で、単一で（部分を持たず）、自在な力を持つ自我は存在しない」という意味なのです。

仏教では、「自我は、五蘊に依存して名前を与えられたことによって存在している」と説かれており、「自我」は五蘊に依存して存在しているので、自性による成立がなく、「空」の本質を持つものであるといわれています。

そして、そのような「自我」の土台となっている五蘊もまた、自性による成立がなく、「空」の本質を持つものである、というのが、『般若心経』に説かれている「五蘊もまた、」というお言葉で示されている意味なのです。

二つの無我
――「人無我」と「法無我」

仏教では、「無我」の教えが強調して説かれています。今説明したように、「自我」には自性による成立がなく、五蘊にも自性による成立がない、という二つの無我が説かれていますが、これを、「人無我《にんむが》」と「法無我《ほうむが》」といいます。

「人無我」とは、「自我」「私」など人に関する無我のことであり、「法無我」とは、私たちの心とからだの構成要素である五蘊など、人以外の現象に関する無我のことです。

つまり、『般若心経』では、「五蘊もまた、」というお言葉によって、「法無我」だけでなく、「人無我」も同時に説かれていることになります。

二つの我執

――「人我執」と「法我執」

しかし、私たちは無知によって、人やそれ以外の現象が、それ自体の側から実体を持って存在していると思い込んでいます。これを「我執《がしゅう》」といい、「我執」にも、「人我《にんが》執《しゅう》」と「法我執《ほうがしゅう》」の二種類があります。人の自我に対するとらわれと、人以外の現象の実体に対するとらわれのことです。「人我執」と「法我執」は、「人無我」と「法無我」を理解せず、その実体にとらわれた心なのです。

ナーガールジュナ（龍樹《りゅうじゅ》）は、その著作『宝行王正論《ほうぎょうおうしょうろん》』の中で次のように述べられています。

五蘊に対するとらわれ（法我執）がある限り
自我に対するとらわれ（人我執）も存在する
自我に対するとらわれ（人我執）があれば業が生じ

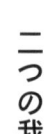

業からさらに、〔苦しみにあふれた来世の〕生存が生じる

つまり、五蘊は実体のある存在であるというとらわれを土台として、「自我」に対するとらわれが生じます。そして、「自我」に対するとらわれから、自分に対する執着や、他者に対する嫌悪、傲慢な心、嫉妬などの煩悩が生じます。

そして、煩悩に影響されて間違った行いをしてしまうと、悪業を積むことになり、その結果として来世で苦しみを得ることになる、と述べられているのです。

「自我」が引き起こす怒り

ここで、自分自身の体験に照らしあわせて考えてみてください。

私たちが、誰かに対して怒りを爆発させているとき、「この人が私にひどいことをした！」「この人にやられた！」などと思って、私たちは怒っていますね。そのようなときの「自我」や「私」は、堅固で実体のある独立したものであるかのように私たちの心に現れています。強い自我意識が頭をもたげているのです。

その瞬間、「私」とはいったいどこにあるのか、考えてみてください。

「私」とは、脳にあるのでしょうか？　違いますね。

心臓にあるのでしょうか？　これも違います。

このようにして、「私」はここにある、と指をさして示せるものを探していくと、「私」はからだのどの部分にも存在していないので、心や意識が「私」に違いない、と考えるかもしれません。

そこで、「私」とはどういう意識のことなのか、さらに詳しく分析してみると、私たちの意識にはさまざまな種類があることがわかります。五感を通して生じる五つの感覚的な意識と、純粋な意識（非感覚的な意識）です。

では、「私は見た」「私は聞いた」などというときの、目や耳などの五官を通して生じてくる感覚的な意識が私なのでしょうか？　これも違いますね。「私」とは、何か他のものでなければなりません。

では、第六の意識である純粋な意識が「私」である、と思うかもしれませんが、純粋な意識にも、覚醒しているときの意識や、夢を見ているときの意識などがあります。現在の私たちには、覚醒しているときの意識が働いていますが、夢を見ているときは、覚醒しているときにくらべてより微細なレベルの意識が働いています。さらに、夢も見ないような深い眠りに落ちているときは、それよりももっと微細なレベルの意識が働いているのです。

ですから、純粋な意識が私であると仮定しても、このようにたくさんある意識の中で、いったいどの意識が私なのでしょうか？　一つひとつの意識について、それが「私」なのかどうかを分析して調べてみると、「私」はどの意識でもなく、これが「私」である、といって指をさして示せるような対象を見つけることはできません。

そこで、「私」という実体がある、と思い込んでいる感覚は、幻であったということがわかりますね。自分が思っていたような、堅固な実体を持って独立して存在している「自我」は、実際には存在しないのであり、これを仏教では、「無我」の教えとして説いているのです。

智慧を育み、無知を晴らす

では、「無我」を理解することは、なぜ大切なのでしょうか？

私たちの心に、「私」という自我意識が強く存在しているときは、煩悩と呼ばれるネガティブな感情が心の中に次から次へと生じてきます。しかし、それは、実体のある独立した「自我」がある、という間違った感覚に基づいたものであり、それは幻に過ぎません。

私たちはその幻に惑わされて、さまざまな煩悩を起こしているのであり、これらのネガティブな感情を滅するための対策となるのが、「無我」を理解する智慧なのです。そこで仏教では、「無我」の教えを何よりも重視しているのです。

私たちがひとつの対象物を見ているとき、「無我」を理解する智慧と「我執」は、その対象物のとらえかたが真っ向から対立する正反対の考えかたになっているので、一方の力が強くなると、他方の力は弱まっていきます。

そして、「無我」を理解する智慧には、それが正しい考えかたであることを裏付ける理由と拠りどころがありますが、「我執」には、それが正しいことを裏付ける拠りどころはありません。

「我執」は無知な心であり、間違った認識なので、正しい拠りどころのある「無我」の智慧によって、「我執」を徐々に減らし、最終的には完全に滅することができるのです。

さらに、仏教の経典には、私たちの心の本質は光り輝く汚れのないものである、ということが説かれています。そこで、この観点からも、一時的な心の汚れは滅することができる、と述べられているのであり、この二つの理由を考え合わせると、究極的には心の汚れをすべて滅し、無知を晴らすことができる、といわれているのです。

苦しみは取り除ける

このようにして、「無我」を理解する智慧を育むことによって、間違ったものの考えかたを滅し、無知を晴らしたなら、苦しみをその因とともにすべて滅した寂静の境地に達することができます。

これが、釈尊がお説きになった「四つの聖なる真理」（四聖諦《ししょうたい》）＊の第三の真理であ

四つの聖なる真理［四聖諦］　釈尊が初転法輪で説かれた教え。「苦しみが存在するという真理」（苦諦［くたい］）、「苦しみには因が存在するという真理」（集諦［じったい］）、「苦しみの止滅が存在するという真理」（滅諦［めったい］）、「苦しみの止滅に至る修行道が存在するという真理」（道諦［どうたい］）という四つの真理のこと。「諦」は真理を意味する。

る「苦しみの止滅の境地が存在するという真理」（滅諦《めったい》）です。

これを、自分自身に照らし合わせて考えてみると、もし、自分が「無我」の智慧を育み、苦しみの止滅に至る修行の道を実践していくならば、望まぬ苦しみをすべて滅することができるのだ、ということを理解することができます。そして、釈尊が滅諦としてお説きになった、一切の苦しみがない永続する幸せの境地に至ることは可能である、と確信することができるようになるのです。

さらに、これを理由として、他のすべての命あるものたちも、自分と同じように我執と煩悩に支配され、苦しみにあえいでいる状態にあることを考えると、「あぁ、かわいそうに。何とかしてその苦しみから救ってやりたい」という慈悲の心が生じてくるのであり、これが、智慧に支えられた慈悲の心なのです。

以上が、『般若心経』に説かれている教えのエッセンスです。

2. 心によき変容をもたらすために

幸せな人生を歩むための鍵①
――倫理観

今日の講演は、「善き光に導かれて」というトピックでしたね。善き光、つまり「光明の心」とは、私たちの心の本質である、光り輝く汚れのない心のことであり、これには哲学的な意味が含まれています。

そこで、「光明の心」について皆さんにお話するために、私たちの心をよりよく変えていくことはできるのかどうか、その可能性について考えてみましょう。

自分の心によき変容をもたらすことができれば、より幸せな人生を歩んでいくことができますし、この人生で成功をおさめることにもつながります。ですから、これは誰もが望んでいることだと思います。

より幸せな人生を過ごすためには、お金ももちろん必要であり、一般的には教育を受けることも必要ですが、これらのものが究極の幸せを与えてくれるのかというと、そういうわけではありません。

では、幸せな人生を歩むためには、何が必要なのでしょうか。私たちは人間であり、人間である限りは、倫理観に基づいた正しい生きかたをしなければなりません。モラルを守って正しい行いをし、正直に生きることが、幸せな人生を築く源となるのです。

幸せな人生を歩むための鍵②
——信頼関係、友情、やさしさ、思いやり

さらに、私たち人間は、社会生活を営んで生きていく生きものです。私たちは、自分ひとりだけで生きているのではありません。他の人たちと協力して、ともに社会生活を営み、友人関係を築くことによって生きていくことができるのです。

本物の友情を育むためには、お互いの信頼関係が存在しなければなりません。そして、

相手との信頼関係を築くためには、自分の心が偏りのない開かれたものであり、相手に対して正直で、真摯な態度で接することが必要です。そうすることによってはじめて、相手に自分のことを信じてもらうことができるからです。人間関係の基本となる信頼関係は、そのようにして育まれてくるのであり、そういった信頼関係に基づいて、本物の友情が芽生えてきます。

私たちは、社会生活を営んで生きていく生きものである以上、友情やよき人間関係を持つことは非常に大切です。これらのものが欠落していると、お金があっても愛情を買うことはできず、お金が私たちに愛を与えてくれるわけでもありません。

たとえば、物質的なものの例として、私がしている腕時計について考えてみましょう。私はこの腕時計が大好きで、とても大切にしています。しかし、この腕時計は私に愛を与えてはくれません。お金も同じで、一万円札には私たちに愛を与えてくれる力はありません。

しかし、ペットになる犬や猫などの小さな動物たちは、たとえ動物であっても、私たちが心からのやさしさと思いやりを持って接すると、彼らも本当にそれを喜んで、同じように私たちに愛情を示してくれますね。

私たちは、基本的にそういう愛情に支えられて生きているのであり、私たちの人生に、やさしさと思いやりは欠かすことのできない大切な要素となっています。十分な愛情を得ていれば、私たちはこの人生を幸せに過ごしていくことができるのです。

私たちの人生は、お母さんにやさしく愛されることではじまります。幼い頃に、お母さんからの愛情を十分もらって育った人は、情緒が安定していて、幸せな人生を歩むことができます。

しかし、小さい頃に十分な愛情を得られずに育った人は、心の中に常に不安や恐れを持っています。たとえどんなに裕福な暮らしをして、よい教育を受けて育ったとしても、愛が欠けていると、心の奥底で不安を感じているため、不幸な人間になってしまいます。

ですから私たち人間にとって、幸せな人生を歩んでいくために、やさしさと思いやりは欠かすことのできない鍵となっているのです。

愛と慈悲の心がもたらす利点①
——自分に自信が持てる

やさしさと思いやり、つまり、愛と慈悲の心は、私たちに二つの利点をもたらしてくれます。

第一の利点は、愛と慈悲の心を持つと、自分に自信を持つことができるということです。すると、他の人を害するようなことはしませんし、他の人たちを尊敬する気持ちを持つことができるので、他の人たちの幸せを心から願うことができるようになります。

そして、そのような気持ちを持っているときは、執着や怒りの心が入り込むことはありません。やさしさと思いやりを持つことは、私たちに自信をもたらしてくれるからです。

愛と慈悲の心に基づいて、自信を持って行動するならば、その行いは透明感にあふれた正直なものとなり、真実を語る行いになるのです。

愛と慈悲の心がもたらす利点②
――現実を正しく見極められる

第二の利点は、愛と慈悲の心があると、現実を正しく見極めることができるということです。

私たち人間の脳は、非常にユニークなものであり、動物たちにはないすぐれた知性が備わっています。人間としてのすぐれた知性が備わっているということは、より深いレベルの洞察力と認識を持つことができるのです。

しかし、人間のすぐれた知性が正常に働くためには、自分の心が安らかで落ち着いた状態にあることが必要です。イライラした落ち着きのない心の状態では、人間のすぐれた知性も正常に機能することはできません。

特に、何か大切なことを決めなければならないようなとき、心の中がいろいろな思いによってかき乱されていると、正しい判断を下すことはできません。なぜならば、かき乱された心によって脳の働きが妨害されてしまい、現実を正しく見ることができないからです。

ですから、何かを判断し、決定するときは、心が安らかで落ち着いた状態でなければなりません。それによって、現実を正しく完璧に知ることで、現実的なアプローチをすることができるのです。

つまり、より現実的なアプローチをするためには、現実を正しく知ることが必要であり、現実を正しく知るためには、状況を客観的に見ることが必要です。そして、客観的にものごとを見るためには、心が穏やかな状態でなければなりません。もし、心に強い欲望や怒りなどがあると、たとえ状況を分析してみても、偏った判断になってしまうからです。

怒りの対象物の九十パーセントは幻

私の友人に、八十四歳になるアメリカ人の科学者がいます。経験豊かな心理学者で、心理学の分野に関する調査や研究をたくさんされていますが、二、三年前にその人に会った時、彼が私にこのような話をしてくれました。

「私たちの心に怒りが生じるとき、私たちが怒りを感じている対象物は、大変ひどい嫌なものに見えていますが、実際には、ひどく嫌なものだというその感覚の九十パーセントまでが、自分の心の中で作り出したイメージの反映に過ぎません」

これは真実だと思います。仏教のテキストの中にも、これとまったく同じことが述べられているのです。心の中に、怒り、欲望、執着、恐怖などの感覚が非常に強く存在しているときは、私たちは現実を正しく見ることができません。そのような状態では、私たちに備わっている人間のすぐれた知性はその力を発揮することはできないのです。

人間のすぐれた知性を正しく使うためには、常に自分の心を安らかな落ち着いた状態に維持しておく必要があります。そのために、愛と慈悲の心があると、自然に心は安らかになり、それによって人間の知性をフルに活用することができるのです。心が安らいでいるとき、私たちは現実を正しく認識することができるからです。

現実を正しく認識すると、現実に即したアプローチができるので、正しい行いに従事することができます。すると、非現実的な見かたに基づいて間違った行いをしてしまい、災難に巻き込まれたりすることを避けることができるのです。

世界を救うために必要なこと①
——全体的（ホリスティック）な視野に立つ

皆さんも、世界的な経済危機の問題について、関心を持っておられるのではないかと思います。私は単なる自分の好奇心から、ビジネスに携わっている友人たちに、このような経済危機が起きた原因はいったい何なのかと尋ねてみたことがあるのです。

それに対して、「正しいものの見かたではなく、間違ったものの見かたによって、自分の欲望が作り上げたイメージを現実の世界に反映させてしまったためにこのようなことが起こった」と答えた人がいました。また、「私たちが無知だからだ」と言った人もいました。

無知とは、ホリスティックな考えかた、つまり広い視野に立って全体的にものを考えるという態度が欠けているということであり、そのためにこのような問題が起きてしまったのです。自分の利益だけを追い求めるという態度は、決して広い視野に立ったものの見かたとはいえません。

世界を救うために必要なこと②
――普遍的（ユニバーサル）な責任感を持つ

次に、地球温暖化の問題を考えてみましょう。

世界各地で、地球温暖化の問題を解決するためにサミットが開かれてきましたが、解決策を探る段階で、すでに問題があったような気がします。

それぞれの国が、自分の国の問題を解決することばかり優先させてしまい、世界的（グローバル）なレベルで地球温暖化という問題を考えてこなかった点に問題があると思うのです。自分の国のことしか考えず、狭いものの見かたで、目先のことしか考えていないのでは、問題を解決することはできません。全世界の問題である地球温暖化に無関心でいるならば、結局は自分の国も苦しむことになってしまう、ということに気がついていないことが問題だと思います。

そこで、全世界に共通の問題を考えていくためには、自国の問題のことだけで頭が一杯だ、というような狭い考えかたをするのではなく、自分の国がより幸せになるためには、他の国家のことも考慮に入れてともに考えていかなければなりません。一つひとつの国家が、全世界の人々の幸せを考えていくならば、自然にそれぞれの国の幸せも達成されていくからです。

ところが、実際には、広い視野に立ったホリスティックなものの考えかたをするという姿勢が私たちに欠けているために、世界には次から次へとさまざまな問題が生じ、多くの人が苦しむという結果になってしまっています。これを解決していくためには、私たち一人ひとりが、グローバルなレベルにおいて普遍的（ユニバーサル）な責任感を持とうという認識が必要なのです。

「健全な心」と「健康なからだ」

ここでもう一度、なぜ自分の心を穏やかに保つことが大切なのかを別の観点から考えてみましょう。

医学に携わる科学者たちは、「心が幸せなら、からだも健康になる」と述べています。つまり、幸せな心と健康なからだには、密接な関連性があるのです。あまりに多くのストレスや恐怖、不安があったりすると、私たちの健康は自然に損なわれてしまいます。
最近アメリカで、科学者たちとの会議がありましたが、その時のテーマは「健全な心、健康なからだ」でした。このように、最近は健康に対する関心が世界中どこでも高まっているので、皆さんも健康のことをいつも気にされているのではないでしょうか。私も、自分の健康を維持するために、チベット医学の薬を毎日飲んでいます。

幸せな心が、健康を維持するための非常に大切な要素のひとつになっていることは、私自身の体験に照らし合わせて考えてみてもよくわかりますし、皆さんもきっと同じではないでしょうか。あまりにストレスや心配事が多いと、血圧も上がってしまいますし、もっとひどくなると、消化不良を起こしてしまったり、さまざまな病気になったりしてしまいます。

日本は物質的にはとても発展した国であるにもかかわらず、若い人たちや学生たちの中に、希望を失い、落胆して、うつ病になったり、孤独感にさいなまれたりして、ついには自殺してしまう人の数も増えていると聞いています。これらはみな、心が安らかでないからなのです。ですから、心の健康管理をして、幸せな心を維持することは非常に大切なことであり、これは宗教に関連した問題ではありません。

近代科学が関心をよせる仏教科学の顔

仏教には三つの顔があります。第一は仏教科学、第二は仏教哲学、第三は宗教としての仏教の顔です。

今お話していることは、仏教科学の観点からであり、仏教科学では、私たち人間の心を細かく分析し、さまざまな心が持つ機能や定義について非常に詳しく説明しています。

そこで、近代科学に携わる科学者たちの中にも、自分の心を平穏に保つことがいかに大切であるかを知って、仏教科学が提供できる心に関する情報に関心をよせる人が非常に増えてきています。感情の動きを知り、それをコントロールすることによって、自分自身の心の平穏を築いていくという仏教の方法論を、仏教科学から学ぶことができるからです。

これは、私たちの心をいかに平穏で幸せな状態に保っていくかという話なので、世界中のどんな人たちにも通用するユニバーサルな話題です。私たちは、来世のことや、神様や、天国の話をしているのではなく、そういった宗教に関わることとはまったく関係がありません。

今、私たちは単に、幸せな人生を求めているひとりの人間として、そのために何をしなければならないのか、という話をしています。そして、幸せな人生を求めているのなら、私たちの心の内面に備わっているよき資質がどれだけ価値のある尊いものなのかを知る必要があるのです。そして、そういったよき資質を高めていくためには、自分の心の状態に無関心であってはなりません。

ニュートラルな心をコントロールする

そこで、より幸せな人生を歩むためには、心によき変容をもたらすことが必要ですが、それが可能であることを示す根拠があります。

それは、私たちの心の本質はニュートラルなものであり、それが「光明の心」と呼ばれているように、光り輝く汚れのないものである、ということなのです。

心の本質がニュートラルなものであるならば、心はポジティブな感情にも、ネガティブな感情にもなりうる可能性を持っています。そして、煩悩と呼ばれるかき乱された心やネガティブな感情は、一時的に心の中に生じたり、去っていったりするものであり、心に常にとどまっているものではありません。

そこで、心をネガティブな感情から遠ざけ、ポジティブな感情により近づけていく努力をすることによって、心によき変化をもたらすことができるのです。

つまり、ポジティブな感情がもたらすよい結果と、ネガティブな感情がもたらす悪い結果をはっきりと認識することによって、哲学的にいえば、確かな拠りどころに基づいて、心によき変容をもたらすことは可能である、ということができるのです。

Q&A

質問 1／テロと生死について

以前ニューヨークでテロを体験して、それ以来、生死について深く考えるようになりました。法王様にとって、生と死とは何かをお聞かせください。

法王

基本的に、私の目の前にあるこの花も含めて、命あるすべてのものは、存在する権利を持っています。私たち人間もまったく同じです。存在する権利があるのです。

しかし、はじまりがあるものには、必ず終わりがあります。この世に生まれた以上は、死が訪れることを避けることはできません。誕生が私たちの人生の一部であるならば、死もまた人生の一部なのです。

あなたが言ったように、二〇〇一年九月十一日にテロリストたちによって大惨事が引き起こされ、それによって多くの方々が尊い命を失うという悲しい出来事が起きてしまいましたが、こういった悲劇はできるだけ避けなければなりません。この種の悲劇は、地震のような天災ではなく、私たち人間が作り出してしまった問題だからです。

このような大惨事は、非常に強い怒りや憎しみなど、私たち人間の持っている破壊的な感情によって、そして、「私たち」「彼ら」という自分と他者を区別する考えかたによって引き起こされています。

そこで、私たちは今、この世界に生きている約六十億の人間たちがみな、自分の一部分であるという考えかたを育んでいくべきだと思います。私たちは、もっと現実的な見かたをするべきであり、どの宗教を信じているのか、どの国の人か、どの民族に属しているのか、というような違いは二次的なものに過ぎず、たいして重要なことではありません。一番大切なのは、この世界に住んでいる約六十億の人間たちの幸せを考えることなのです。

さらに、この世の中には、貧富の差が大きいという問題もあります。これは、グローバルなレベルの問題であるだけでなく、たとえば、アメリカや日本には、億万長者がいるかと思えば、非常に貧乏な人たちもいるというように、ひとつの国家や社会の中における問題でもあります。これは、倫理的に間違っているというだけでなく、現実に起こっている多くの問題の源であり、何とかして解決しなければなりません。

そこで、今、何が必要とされているのかというと、この世界に生きている約六十億の人たちはみな、自分の兄弟姉妹である、と考えることなのです。つまり、約六十億の人間たちはみな、ひとりの人間であるという意味においてまったく同じであり、それが一番重要なことであって、どの宗教を信心し、どの国の人なのかなど、そういった二次的な違いは重要なことではありません。しかし、現実には、そういう二次的な違いだけが強調され過ぎていて、それが多くの問題を引き起こしているのだと思います。

同じひとりの人間同士であるという点を大切にして、人類はみなひとつなのだ、というものの考えかたをするように努力することこそ、今私たちに求められていることであり、これが、悲劇を回避するための究極の答えだと私は思っています。そこで、どの国を訪問しても、私はこのことをすべての人たちにお話しししています。

しかし、実際にテロのような悲劇が目の前で起きてしまったときは、このようにあれこれ分析して考えている時間はありません。何はともあれ、まず逃げることが大切です。たとえば、狂犬病らしい犬がこちらに向かって突進してきたら、その犬はどこから来たのか、どんな病気なのかなどと考えずに、まず走って逃げなければなりません。火が出たときも同じです。自分の命を守るために、まず逃げることが大切です。

一方で、人間が作り出してしまった問題については、長い目で見て、人間の心理についてよく考えた上で対処しなければなりません。

質問 2／チャリティ活動

私は油絵を描くことを職業にしています。芸術は人の心を豊かにしてくれるものなので、私はこの仕事に誇りを持っています。心の豊かさは、どの場所のどんな人々にも必要なものです。だからこそ、自分の仕事を通して、もっと世界中の人たちのことを考えていけたらと思っています。そこで、二月に長野市で、日本各地の若手アーティスト三十八人を集めてチャリティ展覧会を行い、二十七万円を集めることができました。私はアーティストとして、画家として、この資金をどのように使うことが一番よいのかを教えてください。

法王

自分の職業を通して他の人たちを助けたい、というあなたの考えかたは大変すばらしいと思います。しかし、集まったお金で何をすればよいのか、それは私にはわかりません（笑）。

自分で考えて、何がよい方法なのかを調べてみてください。そして、信頼できる友人に相談するなどして、皆さんでよく話し合って決めてください。

私はあなたの考えかたに非常に感銘を受けました。あなたのような考えかたを持っている若者たちがいるということは、これからの時代に大きな期待が持てるしるしだと思います。

残念なことに、私の時代であった二十世紀は、流血沙汰と暴力の時代になってしまいました。歴史家によれば、二百万人以上の人々が暴力によって命を落としたといわれています。

しかし、あなたがた若い世代の人たちは、これからの二十一世紀を担って生きていくのです。私は、この二十一世紀を対話と平和の時代にしなければならないと思っています。そして、対話と平和の時代を実現するためには、その土台として、愛と慈悲の心、つまり、やさしさと思いやりが必要です。

北米、南米、アフリカ、アジアなど、どこの国でも同じですが、あなたのような若い人たちが、この世紀を新たに形作っていく力と可能性を持っているのです。その責任を、あなたがた若者たちがその肩に背負って生きていることを忘れずにいていただきたいと思います。

二十一世紀をよりよい世界に、より幸せな世界に、より慈悲深い世界にするために、あなたがた自身がその熱意とともに、他の人たちに対するやさしさと思いやりを高め、その心を維持していかなければなりません。

そして、あなたのように、若者たちが勇気をなくさず、より幸せな世界を築くために、これからも頑張って努力していってくれることを私は心から望んでいます。

チベットには、「九回失敗したら、九回努力せよ」ということわざがあります。ですから、たとえどんなことがあってもくじけずに、その勇気を持ち続けていってください。

質問 3／リーダーの資質

国際政治を勉強している学生です。先ほどのお話の中で、グローバルな問題に関しては、普遍的な責任感を持って挑む必要があるとおっしゃいましたが、この世界には紛争や対立がたくさんあります。その中で、今そのような問題に対処しているリーダー、そして、この先の時代にそういった問題に取り組んでいこうとする将来のリーダーには、どういう資質が必要とされるのでしょうか。

法王

これもまた難しい質問なので、私にもよくわかりません（笑）。

私から言えることは、リーダーとなるべき人は、長い目でものごとを見て、広い視野に立って考える、という態度を持つことが必要だということです。

昔は、それぞれの国家が孤立していたので、自分の国のことだけを考えていればよいという時代でした。しかし、私たちは今、新しい現実に直面しています。つまり、それぞれの国は他の国々と互いに依存関係を持って存在しているという現実を、正しく認識しなければなりません。

そして、自分の国にとって大切なことだけを考えるのではなく、他の国々の関心事にも注意を払って、それらを一緒に考えていくというグローバルな考えかたをすることが必要だと思うのです。

しかし、実際には、それぞれの国が相互依存の関係を持っているという新しい現実があるにもかかわらず、時代遅れの考えかたをしている人たちがいます。

自分さえよければよいという利己主義によって、他の人たちのことなど考えずに、自分の目的だけを達成しようとしているのです。このように、新しい現実と人々の時代遅れな考えかたが食い違っていることから、不必要な問題を次々と作り出してしまっているのではないでしょうか。

ですから、リーダーとなるべき人には、新しい現実をしっかりと認識した上で、それに基づいて正しい行動をする姿勢が求められていると思います。

質問 ４／望みを失ってしまった人の励ましかた

苦しんでいる人に慰めの言葉を伝えても、受け入れられなかったり、うまく伝えることができないときなど、どうすればその人を幸せにするように導くことができるでしょうか。

法王

あなたが言うように、完全に望みを失って、自信もなくしてしまっている人に私も会ったことがあります。そういう人を励まそうとしてベストを尽くしてもうまくいかない、ということが時にはありますね。そういうとき、私たちはどうしたらいいのでしょうか。

一般的には、完全に望みが絶たれて自信を失ってしまった人は、自分が陥っているその状況のことだけしか考えられず、殻に閉じこもってしまっています。そのような状態では、解決の糸口を見つけることはできません。

しかし、いったん外の世界に目を向けてみると、この世界の約六十億の人たちの中には、自分とまったく同じようなつらい体験をしている人がとてもたくさんいるのです。

自分だけではなく、たくさんの人たちが自分と同じような困難を抱えているにもかかわらず、努力を重ねてがんばって、最終的に成功した人もいるのだということを考えてみれば、きっと自分にもそのようなチャンスがあるかも知れない、と考えることもできるのではないでしょうか。

自分ひとりだけの問題に閉じこもってしまうのではなく、心を開いてみれば、この世の中にはたくさんの人がいて、同じような苦しみを経験しているのです。それでも絶望せずに前向きの姿勢でがんばっている人たちがいるということを考えて、望みを捨てないで努力するという道に導いてあげるのがよいのではないかと思います。

法王からの提言

若い人たちからの質問がたくさん出たことを、とてもうれしく思っています。それは、これからの時代に、希望と期待が持てるしるしだからです。

そこで、私からのささやかな提案があります。日本人には、英語がわかる人が少ないといわれていますね。好きか嫌いかにかかわらず、英語は今、国際語になっているのです。二、三年前から、私は日本に来る度に、いつも学生の皆さんにお話ししてきましたが、もっと英語ができれば、日本の方々もよりよき世界を構築していくために貢献できることがたくさんあるのではないかと思います。

日本の方々は、科学技術をはじめ、さまざまな知識や体験を十分に持ち合わせているのですから、アフリカ、南米、アジアなどの発展途上国に行けば、それを現地の人たちのために活用することができるのです。

それには二つの利点があります。第一の利点は、自分が持っている知識や能力によって、非常に多くの発展途上国の人たちを助けることができるという点です。そして第二の利点は、この世界をよりよくするために自分も貢献することができた、と思うことによって、自分自身に自信を持つことができるということです。

日本は小さい島国で、人口密度が非常に高いですね。狭い国土の中はとても込み合っていて、土地に余裕はありません。そこで、その狭いスペースの中で絶望や孤独感にさいなまれているようなことをせずに、もっと広い外の世界に出て行って活躍していただきたいと私は思うのです。

たとえば、アメリカには「ピース・コー（Peace Corps）」と呼ばれる平和部隊があって、発展途上国を援助するボランティア活動が行われています。とてもすばらしいことだと思います。

私も英語は下手ですが、たとえブロークンイングリッシュでも、外国の人たちと直接話ができるので、大変役に立っています。イギリスやアメリカなどの英語圏に行くと、少し恥ずかしい思いをしますが、日本やフランスなどで話をするときは、いくらかプライドを持ってお話しすることができます（笑）。

英語は非常に大切な言葉になっているので、日本の若い人たちにも、もっと積極的に英語を学んでいただきたいと思っています。

最近では、非常に多くの中国人の学生たちが、アメリカやヨーロッパに行って英語を勉強しています。以前の中国は孤立していたので、国内だけにとどまっている人が多かったのですが、最近では、外国に行って英語を学ぶ中国人が何千人もいるのです。そういう中国人の中には、アメリカの大学で教授になって活躍している人たちがいるのを私は知っています。

しかし、日本人にはそのような人は少ないのではないでしょうか。当然ながら、皆さんにも同じ能力が備わっていますし、日本は自由が認められている国なので、中国の人たちよりずっと多くの機会があるのではないかと思います。

これは私の小さな提言ですが、私の意見に賛成してくださる方々は、ぜひ英語を勉強してください。しかし、そんなことには意味がないと思われる方は、この場で忘れてくださって結構です（笑）。

一九五六年のことですが、日本の精神的指導者で、ネルー首相の友人でもあった方が私に会いに来てくれたことがあります。彼は英語が話せましたが、その発音がとてもおかしく、私に対する敬称である「猊下」という英語は、「ユア・ホリネス（Your Holiness）」と言うのですが、その「ホリネス」を正しく発音することができず、とても変な発音をしているのが私にはとてもおかしかった思い出があります。

このことから考えてみると、日本人の舌は英語の発音にあまり向いていないのかもしれません。中国人にも同じような問題がありますね。そして、南インドのインド人たちは、英語の読み書きに関してはすばらしい能力を持っているのですが、いざ会話となると、南インド特有のローカルな発音になってしまい、とてもおかしな発音をする人が多いのです。

しかし、おかしな発音でも何の問題もありません。変な発音だと言われても、「日本英語」だと言えば何の問題もないのです。ですから、日本の若い人たちも、もっと精力的に英語を習って、何でも発言し、世界に貢献していただきたいと思います。

II

His Holiness the Dalai Lama's Explanation of the Heart Sutra

『般若心経』の解説

希望へのみちしるべ

1. 二十一世紀の仏教徒とは

仏教国としての日本

今日は、日本の仏教徒の友人である皆さんに『般若心経《はんにゃしんぎょう》』の解説をさせていただく機会を得たことを、とても恵まれたことだと大変嬉しく思っています。

私はいつも、日本のような仏教国で仏教の解説をするときは、その国に伝わる仏教という宝について私が説明をさせていただいている、という自然な感覚を持っています。しかし、西洋社会のように仏教国ではない国で仏教のお話をするときは、大きなためらいを感じることがあります。もちろんそのような国からリクエストがあれば、仏教についての解説もしていますが、仏教国ではないということから、その国の人たちの信仰を邪魔したくない、と思ってしまうからです。

私はいつも、各個人はそれぞれの伝統に基づく信仰を維持していくべきだ、ということを強調しています。他の宗教に改宗することは、容易なことではありません。もちろん日本人の中にも、キリスト教など他の宗教を信仰している人や、一切の信仰を持たない人たちもいるでしょうが、ひとつの国としてみるならば、日本は仏教国なのです。日本には仏教のお寺がたくさんありますし、どこでも『般若心経』が唱えられているからです。

しかし、時々私は、皆さんが『般若心経』を唱えているとき、その意味を理解して唱えているのだろうか、という疑いを持ってしまいます（笑）。もちろんチベット人の中にも、重要なテキストをその意味も知らずに唱えている人たちがいるのは同じですが、読経をするときは、その意味を知っていて、それを思い浮かべながら読むことが大切です。

仏教の教えを日常生活の中で活かす

そこで、私がいつも強調しているのは、チベット、中国、日本、ベトナム、韓国など、仏教国の仏教徒たちにとって、仏教の勉強をすることはとても大切だということです。それは、仏教とはどういうものなのかを知り、仏教の全体像について完全な知識を持つべきだからであり、そうすることによって、毎日の生活の中に仏教の教えを活かし、役立てていくことができるからです。

もし、仏教が単なる儀式だけのものとなり、釈尊の教えの本当の意味を知らずにいるとしたら、仏教に対する信心と、毎日の日常生活がまったく関係のないものになってしまいます。それでは、現実として仏教は何も役に立っていない、ということになってしまいますね。

ですから、私はいつも仏教徒の皆さんに、二十一世紀の仏教徒にならなければならない、とお話ししています。それは、近代科学についての知識も含めて、現代における十分な知識教養を身につけることであり、それと同時に、仏教についての正しい完全な知識を持つことです。それが、二十一世紀の仏教徒になるという意味なのです。

もちろん過去何百年もの間、仏教に関する正しい知識を持っている人たちは一般人の中にもいましたが、最近では、教えの意味をよく知らずに、形式的な儀式の面だけが維持されている傾向があります。それではもはや時代遅れなのです。私たち仏教徒は、もっと勉強をしなければなりません。それはとても重要なことなのです。

よく勉強するチベット仏教

ですから、今日ここで『般若心経』の解説ができることを、私は大変光栄に思っています。もちろん、私が持っている知識は限られたものですが、たとえ限られた知識でも、それを皆さんとともにわかちあいたいと思っています。そうすることで、私も徳を積むことができるのです。

私はいつも、自分は一介の僧侶である、と考えていて、人にもそのようにお話ししています。もちろん私には、ダライ・ラマという偉大な称号がありますが、そのような称号は何の実体もない「空《くう》」の本質を持つものなのです。現実の私は一介の僧侶に過ぎず、それ以上でも、それ以下でもありませんし、誰もそれを変えることはできません。

ですから、私は僧侶として、毎日二十四時間、できる限り仏教の修行をしており、毎朝四、五時間瞑想をしています。瞑想には、心を瞑想の対象に一点集中させてとどまらせる「一点集中の瞑想」と、瞑想の対象について分析する「分析的な瞑想」がありますが、主に「分析的な瞑想」を行っています。すると、「分析的な瞑想」をした効果が一日の残りの時間にもとどまることになり、それが私にとって大変役に立っているのです。

そこで、「分析的な瞑想」とはどのように行えばよいのか、ということを皆さんにお話ししたいと思っています。

そしてそのあとで、皆さんからの質問を受けたいと思います。どんな質問でもかまいませんし、私の考えに対する反対意見も大歓迎です。なぜなら、反対意見は傲慢な気持ちを鎮めてくれるからです。

チベット仏教では、常によく勉強し、勉強したことについてたくさん問答をしています。ですから質問が出てくると、たとえそれが反対意見であっても、私はとても嬉しいのです。それによって、より深く仏教について考え、真面目に議論することができるからです。皆さんもそう思いませんか?

私は、そのような方法で勉強しながら育ちました。つまり、まず根本テキストを暗唱し、次にひとつずつの言葉について説明を受け、それに基づいて問答するということを繰り返していく勉強方法です。

ですから、私の話に対する質問、批判、議論はどんなものでも大歓迎です。それに、質疑応答をするためには、いろいろ考える必要がありますから、質問する人も答える人も、脳の働きが活発になります。ですから質疑応答は、両者にとって大変役に立つことなのです。

2.「自我」についての三つの質問

「自我」とは何か

この世界には、主流となる宗教がたくさんあります。そして、そのほとんどすべての宗教が、次の三つの質問に対するそれぞれの哲学的な見解を持っています。

第一の質問は、「自我」とは何か。
第二の質問は、「自我」にははじまりがあるのかどうか。
第三の質問は、「自我」には終わりがあるのかどうか。

ということです。

第一の質問に対する答えは、仏教と、仏教以外の宗教で二つに分かれます。

仏教以外の宗教では、「自我は、私たちの心とからだとは無関係に独立して存在している」という考えかたを受け入れています。このような「自我」は、サンスクリット語、あるいはヒンディー語で「アートマン」、英語では「soul」（魂）と呼ばれ、私たちの心とからだとは別のものとして存在していると考えられています。

しかし、仏教だけは、そのような「永遠で、単一で（部分を持たず）、独立した自我」の存在を受け入れず、「自我は心とからだの集まりに依存して存在している」と主張しています。そこで、仏教では「無我」の見解を説いているのであり、魂のような永遠の自我は存在しない、と主張しているのです。

ただし、世間的なレベルでは、「自我」は明らかに存在しています。この会場にも千人以上の人たちがいて、私の話を聞いているのですから、皆さんは確かに今ここに存在していますね。

では、仏教で説かれている「無我」とはどういう意味なのかというと、非仏教徒たちが主張しているような、「永遠で、単一で、独立した自我」は存在しないということであり、仏教では、「自我は五蘊《ごうん》（心とからだの構成要素の集まり）に依存して名前を与えられた存在である」という考えかたをしています。

「自我」にははじまりがあるのか

次に、「自我」にははじまりがあるのかどうか、という第二の質問についてです。

この世の創造主としての神を信仰している宗教では、神様が私たちの存在を創られた時に「自我」が生じたと考えられています。キリスト教を例にとると、神様が私たちを創られたのですから、この人生がはじまった時が「自我」のはじまりになります。

しかし、仏教とジャイナ教では、神の存在を受け入れていません。すべてのものは、その因と条件に依存して生じる、という「因果の法」を信じているからです。

ジャイナ教についてはよく知りませんが、仏教の経典には、「自我は五蘊に依存して名前を与えられた存在である」と述べられているので、「自我」にはじまりと終わりがあるのかどうかを説明するためには、まず「自我」の土台である五蘊について考えてみなければなりません。

五蘊とは、色《しき》（物質的な存在）・受《じゅ》（感受作用）・想《そう》（識別作用）・行《ぎょう》（意志作用と形成力）・識《しき》（認識作用・いわゆる意識のこと）という私たちの心とからだを構成する五つの集まりのことですが、人をからだ、言葉、心という三つのレベルに分けて考えるなら、からだと言葉は色蘊《しきうん》（物質的な存在の集まり）のカテゴリーに入ります。

そして心、つまり意識には、粗なレベルから微細なレベルまでいろいろな段階がありますが、粗なレベルの意識は、私たちのからだに依存しています。一方、微細なレベルの意識は、その因と条件に依存して生じています。因には、実質的な因（直接的な因）と間接的な因の二種類があり、外と内の世界に存在するすべてのものには、この二種類の因があるのです。

ですから、心を持たない物質的な存在にも、実質的な因と間接的な因があります。そこで、実質的な因について、ここにある花を例にとって説明しましょう。

この花には、花の実質的な因を引き継ぐ流れがあり、花という種別を引き継ぐ流れもその中に含まれますが、ずっと遠い昔からその連続した流れが途切れることなく続いています。その連続体の流れの源をずっとさかのぼっていくと、この地球が生じた時に存在した非常に小さな微粒子に至り、それが次第に花という姿形となって、徐々にこの花を形成することになったのです。ですから、花の実質的な因のはじまりを見つけることはできません。

私たちの意識も同じであり、意識にも実質的な因の連続体が存在します。実質的な因の連続体がないと、間接的な因だけではひとつの現象の存在は成立しないので、実質的な因は必ず必要です。

そこで、意識の実質的な因について考えてみましょう。

意識は、「明らかで、ものを知ることができる」という本質を持つものなので、意識の実質的な因も、そのような本質を持つ因でなければなりません。さらに、意識の実質的な因となる意識についても、同じ種類の本質を持つ意識がその実質的な因となっていなければなりません。このように考えて、意識の実質的な因をずっとさかのぼっていくと、その因のはじまりを見つけることはできないので、意識にははじまりがない、といわれているのです。

もし、意識にはじまりがあるとすると、意識は、意識ではないものから生じたことになってしまい、辻褄があいません。意識ではない物質的なものが、意識の実質的な因となることはできませんし、意識が、物質的なものの実質的な因となることもできません。

意識と物質的なものは、その種類が違うからです。

人を規定するときの土台となりうるのは、五蘊の中でも主に意識であり、意識の実質的な因にははじまりがないので、それに依存して名前を与えられただけの存在である「自我」にもはじまりがない、ということになります。

これが「自我」にははじまりがあるのかどうか、という質問に対する仏教の考えかたです。

「自我」には終わりがあるのか

第三の質問は、「自我」には終わりがあるのかどうか、ということですが、これについて、仏教には二種類の見解があります。

仏教の四つの哲学学派の中で、小乗仏教の学派である説一切有部《せついっさいうぶ》*には、「無余涅槃《むよねはん》

説一切有部　仏教の四つの哲学学派の一学派で、小乗二十部派のひとつ。釈尊の入滅後百年ほどあとに、教団は保守的な上座部［じょうざぶ］と進歩的な大衆部［だいしゅぶ］に分裂し、その後さらに分裂を繰り返すが、上座部系の代表的部派でインド最大であったのが説一切有部である。

（煩悩と肉体を滅して心身の束縛から離れた小乗における完全な涅槃）に至った時は意識の連続体の流れは途切れる」と主張している人たちがいます。

しかし、これ以外のすべての仏教の哲学学派は、「意識の連続体の流れが途切れることはない」と主張しています。なぜかというと、どのような現象であっても、その現象が存在し続けることを妨げる力を持つものが存在するならば、その現象は滅することがありますが、その現象が存在し続けることを妨げる力を持つものが存在しなければ、その現象が滅することはないからです。

たとえば、私たちが持っている間違ったものの考えかたには、それを滅することができる正しいものの考えかたが存在するため、間違ったものの考えかたは滅することができます。

しかし、「明らかで、ものを知ることができる」という心の本質を滅することができるものは存在しないので、意識の連続体の流れは存在し続けて、仏陀の境地に至るまでずっと続いていくのです。

以上の理由から、「自我」にははじまりもなく、終わりもない、と仏教では主張しているのです。

3. 仏教の伝統と修行の道

ごくふつうの人間が仏陀になる

仏教などの無神教と、神を信じる宗教の大きな違いは何かというと、神を信じる宗教では、神様が私たちを創られたと考えていることです。無神教には、ジャイナ教と仏教などがありますが、無神教ではそのような考えかたは受け入れていません。

仏教では、釈尊ご自身も、最初は私たちと変わらないごくふつうの人間でした。しかし、修行を積まれて煩悩を少しずつ鎮められ、最終的にすべての煩悩を完全に断滅されたことにより、悟りを開かれて、仏陀となられたのです。

つまり、釈尊が説かれた仏教の教えは、どのようにすればごくふつうの人間が徐々に煩悩を滅して、ついには仏陀になることができるのかを示しているのです。ですから、仏教の修行の道は、ごくふつうの人間のレベルからはじまっています。

しかし、神を信じる宗教はそうではなく、神がすべてを創造され、与えてくださると信じているのであり、これが最も大きな違いになっています。

仏教の二つの伝統
――パーリ語の経典とサンスクリット語の経典

現在まで引き継がれている仏教の教えには、パーリ語の経典と、サンスクリット語の経典という二つの伝統があり、それぞれ小乗の経典と大乗の経典になっています。

パーリ語の経典は、仏教の教えの土台となるものです。パーリ語の経典には、経《きょう》・律《りつ》・論《ろん》*という「三蔵《さんぞう》」の教えが説かれているからであり、これは仏教の教えの基本です。

経・律・論　仏教の教えの三つのカテゴリーのこと。釈尊が説かれた教え（経典）が経蔵、戒律に関する教えが律蔵、釈尊の教えに対する注釈書（論書）が論蔵。

さらに、パーリ語の経典では、「四つの聖なる真理」（四聖諦《ししょうたい》）、三十七道品《さんじゅうしちどうぼん》*の修行について説かれています。つまり、波羅提木叉《はらだいもくしゃ》*の戒律を土台として、「四つの聖なる真理」と関連させて、三十七道品の修行をすることによって解脱に至る道が、パーリ語の経典には説かれているのです。

一方で、サンスクリット語の経典である『解深密経《げじんみっきょう》』には、釈尊はその生涯に三つの法輪*をまわされたと述べられています。

初転法輪《しょてんぼうりん》では、「四つの聖なる真理」の教えが説かれたので「四聖諦の法輪」、第二法輪では、般若経にまとめられている「空《くう》」の教えが説かれたので「無相法輪《むそうほうりん》」、第三法輪では、『解深密経』に述べられている言いかたをすれば、正しく完全な分析が示されたので「分別法輪《ふんべつほうりん》」、とこのように名前をつけて分類されています。

「無相法輪」といわれる第二法輪の教えは、般若経にまとめられています。般若経には、十万の偈《げ》*からなる『十万頌般若《じゅうまんじゅはんにゃ》』、二万五千の偈からなる『二万五千頌般若《にまんごせんじゅはんにゃ》』、八千の偈からなる『八千頌般若《はっせんじゅはんにゃ》』など、その他にもいろいろな般若経があります。短いものには、「三百頌《さんびゃくじゅ》の般若経」ともいわれた『金剛般若経《こんごうはんにゃきょう》』があり、それよりも短いのが二十五の偈からなる『般若心経』ですが、『般若心経』はとても広く普及しています。

そして、般若経の中で最も短いのは、「アー」というたった一文字からなる『一字般若』です。

般若経の多くは中国語に訳されていますので、『十万頌般若』にも漢訳があると思います。私の知る限りでは、菩薩の広大なる修行の道が説かれている『華厳経《けごんぎょう》』も、漢訳には巻がたくさんありますが、チベット語訳には六巻しかありません。このように、釈

三十七道品　悟りに至るための三十七の実践修行。四念処［しねんじょ］、四正断［ししょうだん］、四神足［しじんそく］、五根［ごこん］、五力［ごりき］、七覚支［しちかくし］、八正道［はっしょうどう］、という七つのカテゴリーに分類される。初期仏教経典における最も代表的な実践論。

波羅提木叉　出家か在家かに従って授かった修行者が守るべきそれぞれの戒律。比丘戒［びくかい］（男子出家者の戒律）、比丘尼戒［びくにかい］（女子出家者の戒律）、沙弥戒［しゃみかい］（二十歳未満の男子出家者の戒律）、沙弥尼戒［しゃみにかい］（二十歳未満の女子出家者の戒律）、優婆塞戒［うばそくかい］（在家男子信者の戒律）、優婆夷戒［うばいかい］（在家女子信者の戒律）、式叉摩那戒［しきしゃまなかい］（比丘尼になる直前の二年間の戒律）、という七つの戒律と布薩戒［ふさつかい］（月の決められた日に守る戒律）がある。

法輪　古代インドの王が持っていたとされる武器の一種であった輪が、転がって敵を自在に打ち負かすように、釈尊の説法も有情［うじょう］の迷いを打破するものなので法輪と呼ばれた。初転法輪はサールナートの鹿野苑［ろくやおん］、第二法輪はラージギールの霊鷲山［りょうじゅせん］、第三法輪はヴァイシャーリー（現在のパトナの近くにあったマガダ国の町）で説かれている。

偈　仏教の教えを説く詩句で、八音節ずつの四行詩の形が多い。

尊のお言葉がまとめられた経典の多くは中国語に訳されているようですが、チベット語に訳されているものもあります。

般若経で説かれる「智慧」と「方便」の修行

般若経の注釈書では、般若経を釈尊の教えの中で最も重視しています。それはなぜかというと、般若経には「深遠なる修行の道」（智慧の教え）と「広大なる修行の道」（方便の教え）が両方説かれているからです。「深遠なる修行の道」である「空」の教えと、「広大なる修行の道」である六波羅蜜《ろくはらみつ》*の修行についてすべて説かれているため、般若経を主な経典としているのです。

般若経の注釈書を書かれた主な学匠にはナーガールジュナ（龍樹《りゅうじゅ》）がおられ、般若経の主題である「空」の段階について詳しく説明されています。

マイトレーヤ（弥勒《みろく》）もまた、般若経の注釈書である『現観荘厳論《げんかんしょうごんろん》』を著され、般若経の主題である「空」を示す土台となる五蘊などの現象について詳しく解説されており、アサンガ（無着《むじゃく》）がさらに、この書に対する注釈書を書かれています。

つまり、これらの注釈書によって、三十七道品などの修行の道がすべて完璧に説明されており、菩薩が体得するべき資質のすべてを、主題である「空」の土台として説明することで、修行の道を解説されているのです。

六波羅蜜　布施［ふせ］・持戒［じかい］・忍耐［にんたい］・精進［しょうじん］・禅定［ぜんじょう］・智慧［ちえ］という大乗仏教において菩薩がなすべき六つの修行。
・布施とは、お金や物を施す、仏法を施す、恐怖を取り除いて安心を施す、という三種の施しをすること。
・持戒とは、悪い行いを慎む、よき行いをなす、有情を利益する、という三種の戒律を守ること。
・忍耐とは、害を与える人に仕返しをしない、苦しみを喜んで受け入れる、仏法を修行する苦難を厭わない、という三種の忍耐をすること。
・精進とは、どんな困難があっても善行をなそうという鎧のような精進、善行をなすことに喜びを持つ精進、有情を利益するための精進、という三種の精進をすること。
・禅定とは、瞑想により心をよき対象の一点に集中させること。
・智慧とは、真理を見極める智慧。

4. ナーランダー僧院の偉大な学匠たち

釈尊の二つの真意を明らかにする

さらに、般若経の解説によって、インドのナーランダー僧院の偉大な学匠たちが、釈尊の二つの真意を明らかにされています。

つまり、実際に般若経で説かれている「深遠なる空」を理解するための段階を主に解説された方々と、隠された意味を明らかに理解するための段階を主に解説された方々がおられるのです。

その中で、隠された意味について詳しく解説されているマイトレーヤ（弥勒）の著作が『現観荘厳論』です。『究竟一乗宝性論《くきょういちじょうほうしょうろん》』『大乗荘厳経論《だいじょうしょうごんきょうろん》』『中辺分別論《ちゅうへんふんべつろん》』『法法性《ほうほっしょう》分別論《ふんべつろん》』とともに「弥勒の五部論」と呼ばれており、これらの著作には漢訳があると思います。

そして、ナーガールジュナによる中観のテキストでは、般若経の明らかな主題となっている「空」について解説されており、主な著作に「六論書」*があります。

さらに、ナーガールジュナのテキストに関する注釈書には、主にブッダパーリタ（仏《ぶっ》護《ご》）とチャンドラキールティ（月称《げっしょう》）による著作があります。チャンドラキールティの『入中論』には漢訳がありますが、『中観明句論《ちゅうがんみょうくろん》』にはまだ漢訳がありません。チベット語訳はあります。

これらの注釈書によって、根本となる経典に説かれている釈尊の真意を理解するべきであり、注釈書がないと、理解するのは少々難しくなってしまいます。

インドの学者たちは、釈尊の教えを確立した先駆者がお二人いると述べられています。般若経の真意を明確に示されたお二人とは、中観派《ちゅうがんは》の先駆者であるナーガールジュナ

六論書　『中論』、『宝行王正論』、『六十頌如理論［ろくじゅうじゅにょりろん］』、『空七十論』、『廻諍論［えじょうろん］』、『広破論』。

と唯識《ゆいしき》派《は》の先駆者であるマイトレーヤであり、このお二人は本当に信頼すべき方々です。マイトレーヤとともに、アサンガも唯識派の先駆者です。

そして、般若経の主題である「深遠なる空」の見解を確立するために、『解深密経』に基づいて般若経の真意を説いたのが唯識派の見解になりました。一方で、般若経の教えをそのお言葉通りに解説した流れが、中観派となったのです。

それ以後の時代に登場したインドの偉大な学匠たちはすべて、ナーガールジュナとアサンガの弟子ばかりでした。

ナーガールジュナの『中論』とその弟子たちによる注釈書

しかし、唯識派の伝統に従った場合、般若経を釈尊のお言葉通りに受け取ることにはなりません。唯識派では、一切の現象を三つの特質（三性《さんしょう》）*を持つものとして分類し、それ自体の側からの成立がないことを別々に説いているだけだからです。

そして、「物質的な存在から一切智に至るまでのすべての現象には、それ自体の側からの成立がない」という釈尊のお言葉をそのとおりに受け取ることは、あるものをないととらえる誤った見解である、と唯識派は述べているのです。

そこで今日は、ナーガールジュナの伝統に従って『般若心経』の解説をします。そうすれば、般若経を釈尊のお言葉通りに解説することになるからです。

ナーガールジュナの弟子たちによって書かれた著作には、チベット語訳だけに存在しているものがいくつかあるようで、私が聞いたところでは、漢訳にはないものがあるそうです。これらのテキストは大変重要なものなので、私は中国や日本の友人たちに、それらをぜひ翻訳するべきだと催促しています。なぜそれほど大切かというと、般若経で説かれている「空」について、明らかで正確な意味を知るために、これらのテキストは必要不可欠なものだからです。

ブッダパーリタ、バーヴァヴィヴェーカ（清弁《しょうべん》）、チャンドラキールティは、ナーガールジュナの主な著作である『中論』の注釈書を書かれています。『中論』は最も重

三性　「遍計所執性〔へんげしょしゅうしょう〕」「依他起性〔えたきしょう〕」「円成実性〔えんじょうじっしょう〕」という三つの特質。「遍計所執性」とは、概念作用によって実体があるかのように妄想された虚構の現象のこと。「依他起性」とは、他のものに依存して生起する現象のこと。「円成実性」とは、すべての現象に成立している完成された真実の姿のことで、空を意味する。

要なテキストであり、中国語にも、日本語にも訳されています。そして、この三人の方々が著された三つの注釈書は、中観哲学における非常に微細なレベルの見解の違いを明らかにしているので、これらのテキストを翻訳することは大変重要なことなのです。

中観派は、その見解の違いから二つの学派に分かれますが、中観自立論証派《ちゅうがんじりゅうろんしょうは》のバーヴァヴィヴェーカは、『般若灯論《はんにゃとうろん》』という『中論』の注釈書の中で、中観帰謬論証派《ちゅうがんきびゅうろんしょうは》のブッダパーリタの著作内容に対して、多くの批判をされています。さらにそれに対して、中観帰謬論証派のチャンドラキールティが、バーヴァヴィヴェーカの解釈は間違っている、とその主張を批判して、ブッダパーリタの解釈が正しいことを述べられています。

釈尊のお言葉を自分で分析して調べてみる

こういった論議は、非常に役に立っています。批判的な態度で分析することによって、実際の主題が明らかにされたからです。ナーガールジュナを含むインドの偉大な学匠たちは、たとえ釈尊が説かれたお言葉であっても、自分自身で分析して調べてみる、という自由を持っておられたのです。

釈尊は、このように述べられています。

「私の弟子たちはみな、私の教えを信心から受け入れてはならない。完璧にそれを分析し、調べてから受け入れるべきである」

これは、私たち弟子たちも、釈尊のお言葉を信じる前に、まず自分でそれを調べてみるべきである、ということを明らかに示されているのです。

ナーガールジュナをはじめとするインドの偉大な学匠たちは、私たち仏教徒にとってはもちろん偉大な仏教学者なのですが、一般的に考えれば、ナーランダー大学の偉大な教授陣であるとみなすこともできるのであり、そのように考える方がより好ましいと私は思っています。

これらの方々は、本当に鋭い知性を持っておられました。その著作は宗教の分野だけでなく、哲学の分野においても偉大な書物とみなされています。多くの分析と探究がされ、それに基づいて分析的な瞑想をされているのです。これらの偉大な著作はぜひ翻訳され、人々に読まれるべきものなので、私たちはすでにその翻訳の計画を進めています。

そして、これらのテキストの翻訳ができあがったら、私もそれに基づいて解説をしたいと思っています。私には限られた知識しかありませんが、これらのテキストを読んだこともない人たちに比べれば、私の知識の方がすぐれているといえるでしょう。私はこれらのテキストを、大いなる関心を持って勉強してきたからです。

私はこの翻訳の計画が、できるだけ早く実現することを望んでいます。翻訳ができたら、皆さんはこれらのテキストを勉強しなければなりません。そして、論理的に考えることによって、分析してみるのです。

これは、ナーランダー僧院から伝えられてきた大変すばらしい伝統だと思います。ただ釈尊のお言葉を鵜呑みにして信心するのではなく、自分自身で分析し、調べてみなければなりません。

5. 完成された智慧（般若波羅蜜）の心髄

苦しみの源は無知な心にある

それでは『般若心経』の解説に入ります。

最初に、この経典のタイトルが『般若波羅蜜多心経《はんにゃはらみったしんぎょう》』と書かれています。これは、「完成された智慧（般若波羅蜜《はんにゃはらみつ》）の心髄」という意味です。

この世界には、さまざまな宗教が存在していますが、その中で仏教の特徴は何かというと、智慧の部分にあります。仏教では、心の汚れをなくし、心によき変容をもたらすために、智慧を育む修行をしなければなりません。

なぜならば、苦しみの源は「知らない」という無知な心にあるからです。一時的な苦しみでも、究極的な苦しみでも、それは「知らない」という無知な心から生じています。ですから「知らない」という無知な心を、知性と智慧を高め、「知る」ことによって滅していかなければなりません。つまり、智慧によって、私たちはごくふつうの凡庸な心を徐々に向上させていくことができるのであり、そのために、智慧を磨く努力をする必要があるのです。

「完成された智慧（般若波羅蜜）」とは、現在の私たちのように煩悩に支配され、苦しみの影響下にある状態を少しずつ向上させ、最終的に涅槃の境地に至らしめる智慧のことを意味しています。

深遠なる現われ
——世俗の「現われ」と究極の「空」

チベット語の『般若心経』（大本）のはじめの方には、次のように述べられています（この部分は漢訳（小本）にはありません）。

その時釈尊は、深遠なる現われという多くの現象についての三昧にお入りになったのである。

まず、「深遠なる現われ」というお言葉について説明すると、「深遠なる」とは、「深遠なる空」、つまり「空」を意味しています。そして、「現われ」というお言葉も大変重要です。

「深遠なる現われ」とは、世俗のレベルにおいては、縁起によって生じたすべての現象の「現われ」が確かに存在しており、究極のレベルにおいては、すべての現象の本質は「空」である、という意味なのです。ひとつの現象には、このような二つのレベルのありようが存在するということが、このお言葉で示されています。

そして、「現われ」と「空」は、ひとつの現象に備わっている異なった面の存在のしかたなので、この二つは分け隔てることのできないひとつの本質のものである、という意味に理解するとよいでしょう。

しかし、仏教の哲学学派が、「空」や「無我」という究極のレベルのありようについて説明するとき、「空」を説くことを強調するあまり、「現われ」という世俗のレベルを説くことに比べて、その力が少し勝《まさ》ってしまうことがあります。

釈尊が般若経において、「物質的な存在から一切智に至るまでのすべての現象にはその自性による成立がない」という「空」の説明をされたことで、「現われ」という世俗のレベルにおけるもののありようを、受け入れ難く感じてしまうことがあるのです。

そこで、釈尊は、第三法輪で説かれた教えである『解深密経』において、「私は一切の現象を、三つの特質（三性）を持つものとして分類し、それ自体の側からの成立がないことを別々に説いたのである」と述べられたのです。

それは、「空」をよく理解できない場合、「現われ」という世俗のレベルのありようを受け入れられなくなって、虚無論に陥ってしまう危険があるからでした。そこで、「空」を少し簡単に受け入れやすく説かなければならなかったのです。

皆さんは、ナーガールジュナの『中論』をご存じですね。『中論』の第二十四章の中で、事物は実体を持って存在していると主張している実在論者たちが、中観派の見解を批判して、「中観派は、すべての現象は自性による成立がない空の本質を持つものである、と述べているが、一切の現象が空ならば、因果の法も、三宝《さんぼう》（仏陀・仏法・僧伽《そうぎゃ》）も、『四つの聖なる真理』も成り立たなくなってしまうではないか」とナーガールジュナに論議をしかけています。

これは、「空」を釈尊のお言葉通りに正しく理解していないと、世俗のレベルの「現われ」が確かに存在するということを受け入れられなくなってしまうことを示しています。実際には、「空」をよく理解した分だけ、世俗のレベルの「現われ」が存在することにも確信を得て、世俗のレベルの「現われ」が存在することをよく理解した分だけ、「空」の理解にも確信を得られるようでなければなりません。

「深遠なる現われ」というお言葉の意味は、このようなものだと思います。

「空」とは「他のものに依存している」ということ

ここからは、『般若心経』の一つひとつのお言葉を説明するのではなく、重要な点だけを解説していこうと思います。

ナーガールジュナは、般若経における釈尊の真意をお言葉通りに解釈されており、「空」の意味は「縁起」であり、他のものに依存して生じるというすべての現象のありようのことである、と述べられています。

「空」の意味は、対象物はいったいどこに存在しているのかを探しても見つからないから「空」である、ということではありません。すべての現象は他のものに依存して存在しているので、それ自体の側から独立して成立しているのではない、という存在のありようを、「空」だといわれているのです。

『中論』の中で特に重要な三つの章である、第二十六章、第十八章、第二十四章が日本語に訳された本（『ダライ・ラマの「中論」講義』大蔵出版）が出ましたね。皆さんに関心があれば、第二十四章を読んでみてください。「空」についてよく理解できると思います。

第二十四章では、「すべての現象は実体を持って存在している」と主張する実在論者たちが、「すべての現象にはその自性による成立がないので、「空」の本質を持つものである」という主張をしている中観派の見解を批判しています。

そこで反論者たちに対して、ナーガールジュナは、「あなたがた実在論者は、空を理解する目的、空の本質、空の意味を理解していないのでこのような批判をしている」と答えられています。

では、「空」を理解する目的は何かというと、ナーガールジュナは『中論』の中で次のように述べられています。

何でも他に依存して生じたものは
それは空であると説く
それは〔他に〕依存して仮設されたものなので
それは中の道である

（第二十四章第十八偈）

このように、他のものに依存して生じるというありようのことを「空」というのであり、探しても見つからないから「空」だといわれているのではありません。他に依存して生じたものはすべて、「空」という本質を持つものである、といわれているのです。

他のものに「依存すること」と「依存しないこと」は、矛盾の関係にあります。矛盾する関係の中でも、正反対の事象です。正反対の事象なら、依存しているか、依存していないかのどちらかでなければならず、そのどちらでもないという第三の可能性はありません。

つまり、「依存すること」と「依存しないこと」は正反対の事象なので、他のものに依存して生じたのなら、他のものに依存して存在していなければなりません。そして、他のものに依存しているのなら、他のものに依存せずに存在しているのではありません。そこで、「それ自体の側からの成立がない」といわれているのです。「それ自体の側からの成立がない」とは、「他のものに依存せずに、対象物それ自体の力によって独立して成立しているのではない」ということです。

そしてその理由は、対象物を探しても見つからないからではなく、世俗のレベルにおける現われは確かに存在していて、すべての現象は縁起に基づいて他のものに依存して生じたからなのです。そして、他のものに依存している現象であれば、それ自体の側から成立しているのではありません。

もし、対象物がそれ自体の側から成立しているのなら、そのもの自体の力で成立していることになり、他のものに依存する必要はありません。つまり、「他のものに依存している」ということが、「それ自体の側から成立していない」ということであり、それを「空」だといわれているのです。

釈尊は、『阿耨達龍王経《あのくだつりゅうおうきょう》』の中で、次のように述べられています。

条件によって生じたものは、〔その自性によって〕生じたのではない
それには自性による成立はない
条件に依存しているものは、空であるといわれている
空を知る者は思慮深い

「自性による成立」とは、「それ自体の側からの成立」とほぼ同義で使われており、他のものに依存しない独立した実体を持って成立しているという意味です。

つまり、条件に依存して生じたものはすべて、それ自体の側から、それ自体の力で生じたのではないため、「空」の本質を持つものである、といわれているのです。

ナーガールジュナは、「深遠なる現われ」というお言葉を、このように説明されています。「深遠なる」とは、それ自体の側からの成立がない「空」を意味し、「現われ」とは、「空」自体もそれ自体の側からの成立がない「空」の本質を持つものであるため、他の条件に依存して生じ、存在しているということを意味しています。

このように、「現われ」と「空」は、互いに互いを支え合っています。他に依存して生じているから、それ自体の側からの成立がないのであり、それ自体の側からの成立がないから、他の条件に依存しているのです。

世俗の「現われ」においては縁起が正しく機能しているため、すべての現象の本質は「空」なのであり、本質が「空」であるから、世俗の「現われ」において縁起が正しく機能するのです。「空」に確信が持てなければ、「現われ」というありようを受け入れることができず、「現われ」における縁起を確信できたなら、「空」を受け入れ難く感じることはありません。

このように、すべての現象は他のものに依存して生じる、という縁起を理由に「空」を説かれているので、「現われ」と「空」は互いに互いを支え合っているのです。そこで、世俗のレベルにおけるすべての現象の「現われ」が、他のものに依存して生じているという縁起を確信すればするほど、すべての現象の本質が「空」であることに対する確信を強めることができます。

そして、すべての現象の本質が「空」であることを確信すればするほど、世俗のレベルにおける「現われ」が縁起によって生じている、ということに対する確信を強めることができるのです。
つまり、「現われ」と「空」は、分け隔てることのできないひとつの本質であるということを、「深遠なる現われ」という言葉で示されているのだと思います。

五蘊もまた、その自性による成立がない

次に、漢訳の「照見五蘊皆空」にあたる部分を踏まえて、シャーリプトラ（舎利弗《しゃりほつ》）が聖観自在菩薩《せいかんじざいぼさつ》に、「般若波羅蜜の深遠なる行を実践したいと望む者は、どのように学ぶべきであろうか」とお尋ねしたことに対する聖観自在菩薩のお答えとして、次のように述べられている部分があります。

五蘊もまた、その自性による成立がない空の本質を持つものであるということを、正しく以下の如く見極めなければならない。

五蘊とは、先ほど説明した「自我」「私」「人」などの名前が与えられている土台とな

るものであり、私たちの心とからだの構成要素の集まりのことです。

「五蘊もまた、」といわれている「〜もまた、」という接続詞には、ある特別な意味が込められています。この短い言葉には、「他のものに依存して名前を与えられた存在である『人』が、自性によって成立していないだけでなく、『人』の土台となっている五蘊もまた、その自性によって成立していない」という意味が要約されて述べられているのです。

「〜もまた、」というこの接続詞は、サンスクリット語とチベット語の『般若心経』にはありますが、漢訳にはないので、日本で唱えられている『般若心経』にもありません。

さらに、「五蘊もまた、その自性による成立がない空の本質を持つものであるということを、正しく以下の如く見極めなければならない」という部分には、「その自性による成立がない」というお言葉がはっきり述べられています。

「五蘊もまた、ない」といわれているのではなく、「五蘊もまた、その自性による成立がない」といわれているのであり、何がないのかというと、「自性による成立」がないということが明らかにされているのです。

アーリヤデーヴァ（聖提婆《しょうだいば》）の著作である『四百論《しひゃくろん》』に、チャンドラキールティが注釈書を書かれていますが、その中で、実在論者たちに対して、この点を次のように明確に述べられています。

「私たち中観派は、『現象にはその自性による成立がない』といっており、『現象は存在しない』とはいっていない。あなたがた実在論者たちは、『自性による成立』という言葉が聞こえないのですか？」

「あなたがたは、探しても見つからないから存在しない、と誤解している」

「『自性による成立がない』という言葉があなたがたには聞こえていないので、あなたがたには耳がないらしい。『自性による成立』という言葉の意味を考えずに、『現象は存在しない』といい、言葉の意味がわからないため、探しても見つからないことをその理由にしている」

「私たち中観派は、『物質的な存在から一切智に至るまでのすべての現象は存在していない』といっているのではない。『すべての現象は、他に依存して名前を与えられただけの存在なので、その自性によって成立しているのではない』と主張しているのだ」

チャンドラキールティは、このように実在論者たちを批判されているのです。

ツォンカパによる「ある」ことと「ない」ことの分類

チベットの偉大な学者であり、修行者であったラマ・ツォンカパは、非常にすぐれた賢者であり、中観派の見解を大変詳しく分類されています。

「ある」ということと、「ない」ということには、それぞれ二種類あることを知って、それをはっきり区別するべきである、と述べられているのです。

これは大変重要な点です。世俗のレベルにおいて「ある」ということと、「自性による成立がある」ということ、そして、「自性による成立がない」ということと、「まったく存在しない」ということ、この四つの事象をきちんと区別するべきである、といわれているのです。

先ほどの『般若心経』のお言葉の少しあとに、次のように述べられている部分があります。

眼もなく、耳もなく、鼻もなく、舌もなく、からだもなく、心もなく、物質的な存

在もなく、音もなく、香りもなく、味もなく、触れられる対象もなく、〔心の対象となる〕現象もない

〈無眼耳鼻舌身意　無色声香味触法〉

もし本当に、「眼は存在しない」という意味ならば、皆さんには私が見えないはずですね。しかし、皆さんには私が見えていて、私にも皆さんが見えているのは、眼があるから見えているのです。皆さんは音も聞こえますね。耳があるから聞こえるのです。実際にものが見えるのに、「眼はない」などと、釈尊がいわれたりするでしょうか。そんなはずはありません。

「眼はない」とは、「眼にはその自性による成立がない」という意味なのです。「五蘊もまた、その自性による成立がない空の本質を持つものであるということを、正しく以下の如く見極めなければならない」という部分と同じように、「その自性による成立がない」という言葉を、ここにもつけて考えなければなりません。つまり、

目も〔その自性による成立が〕なく、耳も〔その自性による成立が〕なく、……

物質的な存在も〔その自性による成立が〕なく、音も〔その自性による成立が〕なく、……

とこのように考えなければなりません。

物質的な存在は、条件の集まりに依存して成立している

さらに、『般若心経』には、次のように述べられています。

色は空である〈色即是空〉
空は色である〈空即是色〉

「色即是空」の「色」（物質的な存在）は、他のものに依存して名前を与えられたものなので、それ自体の側からの成立がない「空」の本質を持っています。つまり、「色」の究極のありようが、それ自体の側からの成立がない「空」の本質であるため、「色は

空である」（色即是空）といわれているのです。

そして、「空即是色」の「空」は、一般的な「空」のことをさしているのではなく、「色」の「空」、つまり、物質的な存在の本質としての「空」のことを意味しています。「空」の意味は、他に依存して名前を与えられたものとして存在している、ということであり、「色」（物質的な存在）は、他に依存して名前を与えられただけのものなので、その自性による成立がない「空」の本質を持つものであるため、「色」として成立することができるのです。

さまざまな条件が集まることによって、物質的な存在が成立します。条件の集まりに依存しなければ、物質的な存在は成立できません。条件の集まりに依存しているが故に、物質的な存在でありえるのです。

このように、「条件の集まりに依存している」ということが、「空」の意味なのであり、「空」であるが故に、物質的な存在が成立します。それを「空は色である」（空即是色）といわれているのです。きちんと説明がつきましたね。

そこで、「空」を私たち自身に関連させて、「私は空である、空は私である」と考えると、大変役に立ちます。

「色即是空　空即是色」といえば、法無我《ほうむが》（人以外の現象の無我）となり、「私」に関連させて、「私は空である　空は私である」というと、人無我《にんむが》（人に関する無我）になりますね。

二つの無我について考えることは、大変重要なことです。なぜならば、私たちを苦しめているのは、「人以外の現象」と「人」に関する二種類の自我へのとらわれ、すなわち「法我執《ほうがしゅう》」と「人我執《にんがしゅう》」であり、この二つの我執を滅する対策となるのが、「法無我」と「人無我」を理解する智慧だからです。

現実をあるがままに理解する

私たちは、朝起きたあとシャワーを浴びてさっぱりすると、とても新鮮な気持ちになりますね。そういうときは私たちの心も新鮮な状態なので、そのようなときに、『般若心経』をただ唱えるのではなく、その意味を何度もよく考えながら読んでいただきたいと思います。それが瞑想です。それが正しい瞑想方法なのです。

なぜ私たちは、「すべての現象には独立した実体がない」ということを理解しなければならないのでしょうか？　それは、このような理由によっています。

私たちの感情について、たとえば、強い怒りが心に生じたときのことを考えてみると、怒りが嵩じてますます激しくなってしまったとき、その怒りの対象は、それ自体の側から独立して存在している絶対的なものに見えています。

これと同じように、すべての破壊的な感情（煩悩）は、無知の心に基づいているため、現実をあるがままに理解することができません。現実をあるがままに理解することができないため、すべての対象がそれ自体の側から、実体を持って存在しているように見えてしまうのです。さらに、それ自体の側から存在しているというだけでなく、対象物は固有の存在として、独立して存在しているように見えてしまいます。

これについては、科学者の立場からも同じ意見が出ており、ネガティブで力の強い感情はみな、その対象物のありようを現実よりはるかに誇張してとらえてしまっている、という点で、科学者の意見と仏教哲学の見解は一致しているのです。

煩悩を滅する対策には確かな拠りどころが存在する

しかし、そのような固有の実体はまったく存在しないのだ、ということをいったん理解したならば、そのような破壊的な感情は、次第にその力が弱くなっていきます。これが煩悩を減らすための方法です。

このようにして、煩悩という破壊的な感情を徐々になくしていくことができるのです。すべての現象には固有の実体がない、という仏教哲学の見解からいうと、すべての煩悩には確かな土台がなく、たとえどれほど強い煩悩であっても、それが正しい認識であることを裏付ける拠りどころはありません。

しかし、煩悩を滅する対策となるものには、確かな土台があります。はじめはどんなにその力が弱くても、煩悩を滅する対策となる智慧などには、それが正しい認識であることを裏付ける拠りどころが存在しているのです。

そこで、少しずつ対策の力に心をなじませていくと、時とともに対策の力は次第に強くなっていくのであり、そのようにして、徐々に煩悩を減らしていくことができるのです。

心の本質は汚れのない澄んだ水のようなもの

さらに、私たちの心の本質は、光り輝く汚れのないものであり、これを「光明の心」と呼んでいます。「光明の心」は、汚れのない澄んだ水のようなものであるといわれています。

たとえば、コップに入れた泥水をしばらく放置しておくと、泥は下の方に沈んでいって、汚れのない澄んだ水になりますね。どれほどたくさんの泥が混じっていても、水の本質が澄んだものであることに変わりはありません。これと同じように、私たちの心の本質は、汚れのない「光明の心」であるといわれているのです。

煩悩を滅する対策が存在するということ、そして、私たちの心の本質は汚れのないものであるということ、これらの二つの理由から、煩悩は滅することができるといわれています。

心の本質は、汚れのない「光明の心」であり、それを仏教では「仏性《ぶっしょう》」、あるいは「如来蔵《にょらいぞう》」といいます。すべての命あるものには、「仏性」が備わっているのです。「心を持つものには仏性がある」ということが、煩悩は断滅できるといえるひとつの理由となっています。

もうひとつの理由は、すべての煩悩には、支えとなる確かな拠りどころがないということです。すべての煩悩には、それを滅することのできる対策が存在していて、その対策には確かな拠りどころがあるため、分析的な瞑想を通して対策の力を心になじませていくことによって、煩悩を滅する力をますます高めていくことができるのです。

ここでいう瞑想とは、ただ目を閉じて、何も考えずに坐っていることではありません。瞑想とは、最大限に知性を活性化することを意味しています。

そうすることによって、間違った見解に基づいて生じてくる煩悩を減らしていくことができます。日毎に変化が見られるというわけではありませんが、一年毎に、十年毎に、心の中に何らかのよき変容が得られたことを感じることができるのです。

これが、心によき変化をもたらすための方法です。そして、自分の心にそのような体験を得ることができたなら、それが限りない慈悲の心を育んでいくために大いに役に立つのです。

慈悲の心を日常生活の中で実践する

慈悲の心が育ってくると、他の命あるすべてのものたちを助け、奉仕するために、仏陀の境地に至りたいという願いが起きてきます。そして、その思いを実行に移すことによって、それが現実に即した実践となります。

実践がなければ、単なる願いでしかありません。仏教哲学の体系や論理を知らずに、よいことだと思ってただすべての有情《うじょう》たちの幸せを祈っても、実際には何もしない、というのでは、ただの願いに過ぎませんね（笑）。

しかし、基本的な仏教哲学の体系に基づいて、正しいものの考えかたを論理的に育み、それを毎日の日常生活の中で実践するならば、その考えかたを実際に現実のものとして活かすことができるのであり、そうしてはじめて、私たちの願いが現実のものとなります。すると、私たちの毎日の祈りが、現実的な祈りになるのです。

ダライ・ラマ法王14世 金沢講演 般若心経の解説

Q&A

質問1／「如来蔵、仏性」と「空」について

世俗のレベルにおけるものの現われが、究極のレベルでは「空」であるということについては非常によくわかりました。「如来蔵」、「仏性」、これも「空」だと考えてよいのでしょうか？　つまり、「如来蔵」や「仏性」は、猊下が説明されていた、永遠で独立した存在であるブラフマンやアートマンなどとどういう点で違うのでしょうか？　そこを聞かせていただきたいと思います。

法王

チャンドラキールティは、『入中論』の中で次のように述べられています。

ヨーギ（修行者）が〔自性による〕存在を見出せないのなら
七つの点から〔自性によって〕存在していないものを
〔自性によって〕存在しているなどといったいどうしていえようか

つまり、「自我」「私」「人」と呼ばれるものは、からだの集まりとひとつのものとして存在するのか、別個のものとして存在するのか、単なる五蘊の集まりが「自我」なのか、五蘊の中の物質的な存在が「自我」なのか、などの七つの点から「自我」について分析し、「自我」はどこにあるのかを探究してみるのです。

すると、「自我」はこれらのどこにも見つけることはできないので、「自我」は五蘊の中には存在しないことがわかります。さらに、「自我」は五蘊と無関係に、別個のものとして存在しているのでもありません。

そして、『入中論』に述べられているように、「人」は世俗のレベルにおいて、

「世俗の真理」に基づいて規定することのできるものです。しかし、世俗のレベルにおいて、名前を与えられたことによって成立している「人」とは、いったいどこに存在するのかを分析して探してみると、「人」はどこにも見出すことはできないのであり、「世俗の真理」に基づいて、そのような分析を何もしない状態で、「人」の存在を規定しなければなりません。

つまり、「人」とは、世俗のレベルにおいて、何も分析をしない状態で規定できるものであり、分析して探してみても見つからない、というのは、「人」の「究極の真理」を表しているのです。そこで、『入中論』のお言葉は次のように続いています。

ヨーギ（修行者）は究極のありようも、容易に受け入れることができる

世俗のレベルにおいて、分析して探してみても見つからないということが、

「人」は究極のレベルでは成立していないことを意味しているのです。

ですから、「究極の真理」に基づいていえば、「仏陀」もなく、「如来蔵」もありません。私たちは「光明の心」や「仏性」の存在を、世俗のレベルにおいてのみ受け入れているのであり、究極のレベルにおいては、「仏陀」を見出すことはできませんし、「仏性」も見つけることはできません。

しかし、何も分析をしなければ、「仏陀」も「仏性」も存在しています。

質問 2／ビッグバンと「空」の関係

私は宇宙が好きです。宇宙のはじまりは、無からビッグバンが起こって、そこから宇宙が生まれ、私たちが存在する世界の現象を作っていると解釈しているのですが、ビッグバンが起こる前の「無」が、お話しになっている「空」につながっているのでしょうか。同じものなのか、違うものなのか、それを教えていただきたいと思います。

法王

私が説明した「空」は、「他のものに依存して名前を与えられただけの存在である」ということを意味しており、ビッグバンもまた、他に依存して名前を与えられただけの現象です。宇宙自体もまた、他に依存して名前を与えられただけの存在なのです。

もちろんいくつかのケースは別であり、仏教の宇宙論で述べられている須弥《しゅみ》山《せん》についての概念は、すでに時代遅れです。仏教のアビダルマのテキストには、「世界の中心には須弥山が存在する」と述べられていますが、それはすでに時代遅れの考えかたでしかありません。

しかし、基本的には、銀河系や宇宙全体がどのようにして形成されたのか、どのようにしてなくなっていったのか、ということに関しては、仏教の見解は近代科学の考えかたに大変よく似ています。

ビッグバン自体も、それが起こるためには非常に大きなエネルギーが存在したはずであり、そうでなければ、何もないところからあのような大爆発が起こるはずがありません。つまり、ビッグバンもまた、その因と条件に依存して起こった現象なのです。

そして、ビッグバンをもたらした因と条件もまた、その因と条件に依存して生じています。ですからビッグバンの因と条件に、はじまりはありません。

質問 3／命について

私はチベットに九回行っています。チベットが大好きです。ある日、ランドクルーザーの中に蚊が一匹いました。日本人が手で殺そうとした時、チベット人のドライバーが、「殺さないで」と言いました。

またある日、ラサのホテルに、大きなネズミがいて、私の部屋で走っていました。私がそれを従業員に言うと、何人もの従業員がネズミを部屋の角に追い詰めて、バスタオルでネズミをくるんで、窓から外へ逃がしてやりました。

別の日には、大きな魚が浅瀬にいた時に、ドライバーが自分のTシャツで魚を大きな川のところに戻してあげました。すべてのチベット人が、命は大変大事なものだということを知っています。それは、チベット仏教の教えですか？

日本には、自殺する人がたくさんいます。一九九八年以来、毎年三万人の日本人が自殺しています。とても悲しいことです。命について私たちに教えてください。

法王
あなたはチベットが大好きだと言いましたね。それは、そうする価値のあることだと思います（笑）。なぜなら、私はチベット人だからです（笑）。

冗談はさておいて、私は真面目に、チベットを好きになることは価値のあることだと言っているのです。なぜならば、あなたが言ったとおり、チベット文化は慈悲の心に基づく文化だからであり、自然の流れとして、チベット文化は平和で非暴力の文化になっているからです。ですから、チベット文化は本当に維持するべき価値のあるものだと思います。

そこで、命とは何か、その意味についてては、仏教のアビダルマのテキストに命の意味が説明されていますが、私はいまだにそれを理解できていないので、正確な命の意味を私は知りません（笑）。

もちろん花にも命がありますが、私たちの命とは違います。その違いは、花にはものを認識する力がないということです。しかし、私たちの命には認識する力が備わっているので、それに基づいて、私たちには痛みや喜びなどの感覚が生じてきます。

しかし、花にはそのような感覚はありません。もちろん化学的な反応は起こします。たとえば火を近づけると、化学的な変化を生じるからです。私たちのからだも化学的な反応を示しますが、からだの細胞が反応を示すだけでなく、人間にはそれを認識する力が備わっているのです。それを私たちは「心」と呼んでいます。

このように、人間の命とは、認識する力を持っているものです。認識する力を持つ心が肉体を離れてしまうと、私たちは死を迎えます。このように、人間の命は認識力と深い関係を持って存在しています。

質問 4／過去の悩みを止めるためには

私は過去について、あの時こうしておけばよかった、などと思い悩むことが多いのですが、過去というものを物理的にとらえるにはどうしたらよいでしょうか？ またそういった悩みが起こらないようにするためにはどうしたらよいでしょうか？

法王

過去はすでに存在していません。単なる記憶に過ぎず、もはや私たちに影響を及ぼすこともありません。しかし、過去の経験から、私たちは何かを学ぶことができます。

過去よりも重要なのは、これからの未来です。私たちは、もっと未来について考えなければなりません。たとえ過去に何があったとしても、それはすでに過ぎ去ったことなのですから、もっと未来について考えるべきだと思います。

そして未来は、現在に依存しています。そこで、毎日の暮らしを幸せに、意義ある生活をすることが大切です。意義ある生活とは、できれば他の人たちを助け、奉仕することであり、たとえそれができなくても、少なくとも他の人たちに害を与えないようにすることです。それが、意義ある人生を過ごすということなのです。

お金をもうけたり、楽しんだり、有名になったりすることは、単なる一時的な目的に過ぎず、そういうものを求めることは、狭いものの考えかたでしかありません。しかし、真実を語り、正直に人生を過ごしていくなら、あなたの人生を意義あるものにすることができます。そのように過ごしていけば、何日、何週間、何カ月、何年、何十年にもわたるあなたの人生は、意味のあるすばらしいものになるのです。そう思いませんか?

また、現在とはいつのことなのかを分析して調べてみると、現在を見つけることはできません。私たちの人生の中で、今日という一日は二十四時間から成り立っていて、日中の時間は約十五時間あり、今は午後四時四十分ですから、五時まであと二十分の時を刻んでいます。

そして現在の一分も、六十秒に分割することができます。さらにその一秒も、前と後の部分から成り立っているので、たった一秒の間にも、過去と現在と未来があるのです。ですから、現在とはいったいどこにあるのかを探しても、見つけることはできません。

現在はどこにあるのでしょう？　現在がなければ、時を過去と未来に分割することもできません。どうすればいいのでしょうね？（笑）

質問５／仏教とテクノロジー

最近の世の中にはいろいろなメディアが現れてきて、ツイッターというのが日本では大変流行しています。ダライ・ラマ法王もツイッターのアカウントをお持ちで、つぶやいていらっしゃると聞いて、僕も早速フォロアーのひとりになりました。こういった新しいテクノロジーと仏教とは大変おもしろい組み合わせだと思いますが、これらの新しいものに対する興味やお考えがあれば、お聞かせ願いたいと思います。

法王

私は小さい頃から、近代科学と科学技術に大変興味を持っていました。しかし、そのどちらもきちんとした訓練や勉強をしたことはありません。私の知識はそんな程度のものなのです（笑）。

唯一私が定期的に行ってきたことは、科学者たちとの対話です。そのようなセミナーをはじめてから、もう約三十年にもなります。

私は科学者たちとの対話を、主に四つの分野において行ってきました。宇宙論、神経生物学、そして量子力学など物理学の分野ですが、ナーガールジュナの見解は、量子力学の考えかたに大変よく似ています。

あるインド人の偉大な物理学者で、インドで核兵器を作るプロジェクトに参加したため、「インドのサハロフ」（ソ連初の原爆を完成した人の名）という呼び名のある人がいます。大変優秀な物理学者です。

ある時、彼が私に、最近の量子力学における考えかたが、インドにはすでに二千年も前から存在していたということを、インド人としてとても誇りに思っている、と話してくれたことがあります。それは、彼がナーガールジュナの著作の中に、量子力学の考えかたのエッセンスがすでに述べられていたことを発見したからでした。

そして、科学者たちとの対話における第四の分野は心理学ですが、これらの四つの分野は、仏教と科学に共通の分野となっています。測量したり、計算したりすることができる外界の物質に関しては、西洋の科学は大変な発展を遂げています。しかし、内なる心の世界の科学に関していえば、西洋の心理学は幼稚園のようなレベルに過ぎません。

それに比べると、仏教の心理学も含めて、インドの心理学は非常に進んでいるので、現代の科学者たちと対話をすることは、お互いに役に立っているのです。私たちは、科学者たちから有益な知識をたくさん学ぶことができますし、科学者たちに、仏教の心理学の情報や、説明によってではなく、心を訓練することによって、破壊的な感情をいかに軽減していくことができるかという体験を提供することができるからです。

そこで、アメリカでは、少なくとも三つの大学において、どのようにしてかき乱された心を鎮めることができるか、という研究をするプロジェクトが科学者たちによって進められています。

私たちはよく、「健康なからだ、健全な心」といいますが、健康なからだを維持するためには、心が健全であることが必要です。そして健全な心は、精神的な訓練によって育まなければならず、他に方法はありません。ヨーガも含めて、からだを訓練することは健康維持のために役に立ちますが、心の面では役に立ちません。

精神的に健全であるとはどういうことかというと、たとえどんなに多くの問題や困難を抱えていても、心が穏やかな状態にとどまっていられることなのです。それが、健全な心です。

私は科学者たちと会うたびに、何時間もかけて対話をし、意見を交換してきたことから科学を知っているだけであり、それ以外には、科学の授業を受けたことなど一度もありません。そのような観点からいえば、私の科学の知識はゼロなのです。科学者たちと話をしたことで、ほんのわずかな知識を持っているに過ぎません。

しかし、科学者たちや友人たちの中には、私のことを科学者だと言う人もいます。そこで私も、誰かがつまらない精神的な質問をしてきたり、迷信的な質問をしてきたりするとき、「私は科学者ですよ」と冗談で切り返して対応したりしています（笑）。

もうひとつお話ししたいことがあります。

四十年ほど前、科学者たちと会ってぜひ話をしたいと強く願っていた時、ある仏教徒のアメリカ人の女性に、「科学者は危険です。科学は宗教を殺しますから」と言われたことがあります。しかし、それは違う、と私は思いました。ナーランダー僧院の伝統に関する限り、分析して調べるということは最も大切な要素であり、最も大切な修行となっているからです。たとえ釈尊の教えや、釈尊ご自身がいわれたお言葉であっても、それを自分でよく分析してみて、それをお言葉通りに受け取ることが論理に反するのであれば、それを拒絶するべきだ、といわれているのです。

先ほどお話ししたように、ナーガールジュナのように偉大な学匠でさえ、釈尊のお言葉が正しいかどうかを調べる自由を持っておられました。釈尊ご自身が、「弟子たちよ、私の言葉を信心から受け入れてはならない。まず自分で分析して、調べてみるべきである」といわれているからです。そこで私も、そのアメリカ人の意見は間違っている、と思ったのです。

科学的なものの考えかたとは、最初に懐疑的な態度を持つことであり、同時に、偏見のない開かれた心を持つことです。そのような態度で分析をしてみれば、多くの可能性が目の前に開かれていることを知ることができます。

ですから、何も調べずに拒絶するようなことを、私はしたくありません。まず自分で調べてみる、というのが科学的な方法であり、ナーランダー僧院の伝統的な方法論も、基本的にそのとおりだからです。懐疑的な態度を維持して、調べてみることが大切です。

しかし、相手に反旗をひるがえすのではありません。自分の頭の中で反論してみるという意味です。その点を間違わなければ、科学も仏教もまったく同じ信念を持っています。すべてを自分で分析し、調べてみるのです。

ですから私は、科学者と対話することに何も問題はないと思いました。もし、科学的な方法で調べてみて、仏教的な概念が間違っていることが証明されたなら、それを受け入れるべきだからです。

仏教の全体的な体系は、特にナーランダー僧院の体系は、科学的な思考方法に基づいています。そこで、西洋の学者たちの中には、仏教は宗教ではなく、心の科学である、と言う人たちもいます。まったくそのとおりです。

現実的には、多くの僧侶たちが科学者たちと対話することは難しいので、私たちは南インドにある僧院の授業に、科学の勉強をすでに取り入れています。そして、私たちはそれをとても誇りに思っています。科学の知識はとても役に立つからです。

仏教も、科学も、どちらも真実を知ろうとしているという点で同じだと思います。しかし、科学の分野では、主に世俗のレベルにおける真実を追究しており、究極のレベルに関する科学の探究は、仏教に比べるとまだそれほど発展しているわけではありません。

III

Following in the Footsteps of the Buddha

仏陀の境地をめざす

チベット仏教の教え

1. 小乗、大乗、密教を総括したチベット仏教

チベット仏教の特徴

まずはじめに、チベット仏教について説明しましょう。チベット仏教には、小乗仏教、大乗仏教、密教の教えがすべてそろっています。

たとえば、小乗仏教の国であるスリランカやタイの僧侶と、大乗仏教の国である日本の僧侶が会っても、スリランカやタイの僧侶は日本の密教や禅の無分別についての話などあまりできないのではないかと思います。その逆に、スリランカやタイの僧侶が、小乗仏教で説かれている戒律の修行について日本の僧侶に話題をもちかけても、日本の僧侶はあまり論じあうことはできません。また、私たちチベット仏教の僧侶が、スリラン

カやタイ、日本の僧侶に、チベットに伝わる無上ヨーガタントラについての話をしても、それは共通の話題にはなりません。

しかし、スリランカやタイの僧侶とチベット仏教の僧侶には、共通の話題がたくさんあります。戒律についてのこと、三十七道品《さんじゅうしちどうぼん》の修行のことなど、小乗の経典に述べられている教えについては、チベット仏教との共通点がたくさんあるのです。

また、以前私が、大乗仏教の国である韓国の僧侶と会ったときも、彼が菩薩戒についての話をしてきたので、根本の十八の戒律もチベット仏教と同じであることがわかり、話がはずみました。日本の密教、マンダラ、五智如来の冠、護摩を焚くこと、座禅、法華経、念仏行などにも、チベット仏教との共通点がたくさんあります。

このように、チベット仏教の僧侶なら、小乗の国の僧侶とも、大乗の国の僧侶とも、共通の話題をたくさん見つけることができるのです。

日本では、座禅をするとき、姿勢が少しでも崩れると細い棒で叩かれますね。私たちチベット人はふつう棒を使いませんが、必要な場合には太い棒を使います。棒で頭を叩くと「たんこぶ」ができて、腫れてしまいますね。そのことをチベット人は、「クルミをもらった」と表現しています。頭にクルミ、つまり「たんこぶ」ができるからです（笑）。

今お話したように、チベット仏教の特徴は、小乗、大乗、密教のすべての修行をひとりの人が実践することができる、という点にあります。つまり、外面的には、小乗の経典に述べられている戒律を守って生活し、内面的には、大乗の教えである菩提心を育んで菩薩の修行を実践し、そして秘密裡に、密教（タントラ）の修行をすることができるからです。

無上ヨーガタントラの正統性とその特徴

しかし、秘密裡に行うべきタントラの修行を間違ったやりかたでしてしまうと、とんでもないことになります。タントラの修行という名目で、自分勝手にやりたい放題のことをしたりすると、仏法のためになるどころか、仏法に大きな損失を与えることになってしまいます。昔インドで仏教が滅んだひとつの原因は、タントラにあるといわれています。それは、女性のこと、酒を飲むこと、肉を食べることなどのためです。

一見すると、チベットに広く普及している無上ヨーガタントラは、父母尊の合体仏や、肉や酒を使うことなどの点で、正しく理解していないと誤解を生むことがあります。しかし、共通の部分である小乗や大乗の修行方法を正しく理解してから、無上ヨーガタントラの教えと修行方法を学ぶと、はじめて無上ヨーガタントラの教えが正統なものであり、非常にユニークなものであることがわかります。

つまり、無上ヨーガタントラには、小乗、大乗、密教の三つの下位のタントラ（所作タントラ、行タントラ、ヨーガタントラ）の教えがすべてそろっており、その上に、これらの教えにはない特別な教えと修行方法が積み重ねられているのです。ですから、無上ヨーガタントラが、仏陀の境地に至るための正しい修行の段階であるということを、経典からも、理論的にも、明らかに証明することができるのです。

積み重ねられた深遠な修行

チベット仏教は、小乗、大乗、密教の修行をすべて総括した完璧な教えです。土台となる修行がすべてそろったうえに、より高度な修行が積み重ねられているので、より深遠な修行の体系になっているのです。

もし、土台の部分がすべてそろっていなければ、深遠な修行とはいえません。他の教えと違っているというだけで深遠なものだといえるなら、仏教の各哲学学派は、どの学派も他の学派にくらべてより深遠ですぐれている、ということになってしまうからです。また、仏教は他の宗教と違っているから、仏教の方がすぐれているなどというならば、仏教以外の宗教の人も同じように、彼らの宗教は仏教と違っているからよりすぐれている、ということができますが、そうではありませんね（笑）。違っているからというのではなく、必要な土台が全部そろったうえに高度な修行が積み重ねられているので、チベット仏教はより深遠な修行の体系だということができるのです。

仏教の四つの哲学学派

仏教には、説一切有部《せついっさいうぶ》、経量部《きょうりょうぶ》*、唯識派《ゆいしきは》、中観派《ちゅうがんは》という四つの哲学学派があり、それぞれの見解には、その深遠さの点で違いがあります。

たとえば、説一切有部の主張を経量部の見解から見てみると、説一切有部の主張には矛盾があります。説一切有部の考えかたでは絶対否定（他に一切の肯定的な意味を含まない完全な否定）を説くことはできませんが、経量部の考えかたでは絶対否定を説くことができるのです。

また、小乗仏教の学派である説一切有部と経量部は、人無我《にんむが》だけを説いており、法無《ほうむ》我《が》を説くことができません。大乗仏教の学派である唯識派と中観派は、人無我だけでなく、法無我を説くこともできます。ですから唯識派と中観派の見解は、説一切有部と経量部の見解よりも深遠なものとなっているのです。

ここで、中観派と唯識派の見解について説明しましょう。

唯識派では、すべての現象を三つの特質（三性《さんしょう》）を持つグループに分類しています。「遍計所執性《へんげしょしゅうしょう》」「依他起性《えたきしょう》」「円成実性《えんじょうじっしょう》」の三つです。

「遍計所執性」とは、概念作用によって実体があるかのように妄想された虚構の現象のこと、「依他起性」とは、他のものに依存して生起する現象のこと、「円成実性」とは、すべての現象に成立している完成された真実の姿のことで、「空《くう》」を意味しています。

経量部　説一切有部から分派した小乗二十部派のひとつ。説一切有部が論書を重んじるのに対して、経量部は経を重んじて正しい認識の根拠とした。

唯識派では、否定対象である「遍計所執性」を否定するために、否定の土台となる「依他起性」と「空」を意味する「円成実性」を真実の成立（それ自体の側から独立して成立している実体のある存在）であるとしています。否定の土台となるものと、否定対象を否定するための「空」を真実の成立だとしなければ、瞑想する対象がなくなってしまうと考えたからです。

しかし、中観派は、「空」を含むすべての現象は真実の成立ではなく、「空」の本質を持つものであると主張しており、これは下の学派の見解よりずっと深遠な考えかたになっています。

つまり、説一切有部より経量部、経量部より唯識派、唯識派より中観派と、段階を追っていくに従って、その哲学的な見解はより深遠なものになっていくことを論理的に理解することができるのです。下の学派の見解に見られる矛盾は、それより上の学派の見解によって正していくことができます。下の学派が主張する見解を、上の学派が主張する見解によって分析すると、その矛盾を明らかにすることができるのです。

しかし、下の学派が上の学派に対して論議をしかけても、上の学派の見解を理解することができないので、ただ上の学派の見解には欠点がある、間違っていると非難するだけになって、論理的に論破することはできません。このような理由から、下の学派より上の学派の見解の方がより深遠なものであるということを示すことができるのです。

仏教の教えでは、「人に頼らず、その教え（仏法）に頼るべきである」といわれています。そして仏法もまた、「言葉に頼らず、その意味に頼るべきである」といわれています。さらに、意味についても、「解釈を必要とする教え（未了義）に頼らず、解釈を必要としない教え（了義）に頼るべきである」といわれているのです。

そして、二元的なとらわれのある意識に頼らず、正しい根拠に基づく論理に頼ることです。また、論理に基づく智慧に従うべきであり、経典のみに頼ってはいけません。

経典を学び、三学を実践する

アサンガ（無着《むじゃく》）の弟であるヴァスバンドゥ（世親《せしん》）の著作『阿《あ》毘《び》達《だつ》磨《ま》倶《く》舎論《しゃろん》』の中では、次のように述べられています。

「釈尊の教えには二つの種類がある。経典の教えと、その実践によって得られる智慧の教えである。経典を学ぶことと、三学の実践によって体験に基づく智慧を得ること、この二つに入らない教えはない」

勉強と実践、つまり、経典を学ぶことと、戒律・禅定・智慧という三つの高度な修行（三学《さんがく》）を実践することは、チベットではとても重要なことだとされています。チベットには、顕教《けんぎょう》*の教えを学ぶことよりも、密教の修行を重視する密教学堂のようなお寺もありますが、一般的にいえば、経典を学んで勉強することと、三学の実践によって智慧を深めることをともに行うことは、とても大切なことなのです。皆さんも、このように勉強と実践を結び合わせて修行していかなければなりません。

さらに、学者は修行者を見下さないこと、修行者も学者を見下さないこと、これは本当に大切なことです。豊富な知識を得て学者となり、それによってプライドが高くなって、学者が修行者を軽蔑したりするのはよいことではありません。

また同じように、修行者も学者を軽蔑したりしてはいけません。実践のみに重きをおいている修行者には、強い信仰心を持っていても、実は仏教の教義を何も理解していない、というような人もいるのです。信仰心を持つことはよいことですが、これでは愚か者の信仰になってしまいます。

仏教の教えでは、「愚か者の信仰をすると、水に流されてしまう危険がある」といわれています。たとえば、以前、あるカルトの教祖が登場して、まわりの人たちがその人を祭り上げ、その教祖はやりたい放題をやってしまい、とんでもない状況になったことがありましたね。この人たちは、愚か者の信仰をやり過ぎたのです。論理に裏付けされた智慧に頼らず、ただ愚かな信仰をしたために水に流されてしまったのです。このようなことになってはいけません。

そこで、仏教の教えをきちんと理解したうえで、外面的には戒律に基づいた正しい行いをして、内面的には他の人たちを大切に慈しむ菩提心を育み、そして、秘密裡にタントラの修行をする、というこの三つを結び合わせて修行することができれば、仏教の教えが本当に役に立つものとなるのです。

顕教　秘密の教えである密教に対して、明らかに説かれた教えを顕教という。仏教は、小乗と大乗に分類され、大乗はさらに、波羅蜜乗と真言乗（金剛乗）に分類される。小乗と大乗の波羅蜜乗をあわせて顕教といい、真言乗（金剛乗）を密教という。

2. 仏教の帰依

三宝に帰依する

帰依は、すべての仏教に共通して説かれていることであり、すべての仏教徒が「仏陀・仏法・僧伽《そうぎゃ》」の三宝《さんぼう》に帰依しています。仏教徒であるかどうかは、三宝に帰依しているかどうかによって定義されており、三宝への帰依は仏教の修行に入る第一歩になっています。

三宝に対する帰依の偈《げ》は、サンスクリット語では次のように唱えています。

ナモーブッダーヤ
ナモーダルマーヤ

ナモーサンガーヤ

パーリ語では、次のように唱えています。

ブッダンサラナンガッチャーミ
ダンマンサラナンガッチャーミ
サンガサラナンガッチャーミ

これは、次のような意味です。

仏陀に帰依いたします
仏法に帰依いたします
僧伽に帰依いたします

仏教徒であれば、毎日このように唱えて帰依しているのです。

小乗仏教における仏陀とは
――歴史上の仏陀釈迦牟尼

では、小乗仏教で「仏陀・仏法・僧伽」（ブッダ・ダルマ・サンガ）というとき、何を指していっているのでしょうか？

その昔、インドでシッダールタという釈迦族の王子が生まれました。はじめはふつうの王子としての生活をされ、のちにブッダガヤで悟りを開いて仏陀となられ、その後教えを説かれましたが、シッダールタ王子も、はじめは私たちと同じごくふつうの人間だったのです。この歴史上の人物である仏陀釈迦牟尼（釈尊）は、クシナガラで涅槃に入られたあと、ふつうの言いかたをすれば、燈明が消えたようにこの世から消えてしまわれたわけです。小乗では、この歴史上の人物である釈尊のことを「仏陀」といっています。

そして、釈尊のお心に育まれた汚れのない智慧を「仏法」（ダルマ）といいます。また、小乗の修行道を実践して聖者の段階に達した人たちには四種類あり、預流《よる》（聖者の流れに入った者）、一来《いちらい》（一度この世に戻って涅槃に入る者）、不還《ふげん》（再びこの世に戻らない者）、阿羅漢《あらかん》（最高の悟りに達した者）と呼ばれていますが、これらの聖者たちのお心に育まれた汚れのない智慧も「仏法」（ダルマ）といいます。

ですから、小乗において「仏陀に帰依いたします」というときの「仏陀」とは、歴史上の人物である仏陀釈迦牟尼のことであり、釈尊に懇願すれば、釈尊の利他のお心と祈願のお力によって、懇願した者はその結果を得ることができるのです。しかし、実際には、釈尊はとうの昔に燈明が消えたようにこの世からいなくなっておられるのであり、これが小乗の教えで説かれていることです。

大乗仏教における仏陀とは
——最もすぐれた化身

大乗仏教の考えかたによると、インドにお生まれになった歴史上の仏陀釈迦牟尼は、「最もすぐれた化身」であるといわれています。大乗仏教では、仏陀には、法身《ほっしん》、報身《ほうじん》、化身《けしん》という三つのおからだがあるといわれていますが、釈尊は報身をもとに、その化身としてこの世に生まれてこられた方なのです。

釈尊は、前半生はふつうの人間として過ごされ、そしてブッダガヤで悟りを開かれた三十五歳から入滅された八十歳までの四十五年間、小乗でいうように仏陀としてこの世におられたことになります。しかし、これだけの年数しか仏陀としてこの世にとどまることができなかったのなら、三阿僧祇劫《さんあそうぎこう》という無限に近い長い年月をかけて功徳と智慧の二資糧を積み、その結果として悟りを得ても、実際に悟りを得たあとは四十五年間しか悟りの結果を使う時間がありません。悟りを得るための因を作るためには、無限に近いほどの長い年月がかかっているのに、その結果は極端に短い間しかなかったことになってしまいますね。

また、別の観点から考えてみると、小乗の悟りである阿羅漢の境地に至るために、声《しょう》聞乗《もんじょう》と独覚乗《どっかくじょう》*の修行者たちは「三十七道品」の修行をしますし、大乗の修行者たちも、大乗の悟りに至るために同じ修行をしています。小乗と大乗の修行者たちには、修行の心の動機として「大いなる慈悲の心」（大悲）を持っているかどうかという違いはありますが、「三十七道品」の修行そのものはまったく同じなのです。

「三十七道品《さんじゅうしちどうぼん》」の修行とは、四念処《しねんじょ》*、四正断《ししょうだん》*、四神足《しじんそく》*、五根《ごこん》*、五力《ごりき》*、七覚支《しちかくし》*、八正道《はっしょうどう》＊という七つのグループに分類されている三十七の実践修行のことであり、これらの修行は、小乗にも大乗にも共通する同じ修行となっています。

声聞・独覚　声聞は、教えを聴聞する者の意。独覚（縁覚［えんがく］）は、師なくして独自に悟りに向かう人。どちらも自らの悟りのみを求める小乗仏教の修行者のこと。

四念処（四つの注意深い考察）　からだ、感覚、心、その他の現象について注意深く考察する四つの修行。不浄なものを清浄だと思う、苦を楽だと思う、無常なものを永遠だと思う、無我のものに自我があると思う、という四つの誤った考えを滅するための修行。

四正断（四つの正しい取捨）　すでになしてしまった悪い行いを浄化して取り除くこと、まだなしていない悪い行いを防ぐこと、まだしていないよき行いをすること、すでになしたよき行いをさらに高めていくこと、という四つの正しい行いをする修行。

四神足（奇跡を生む四つの因）　三昧（強い精神集中の力）を得るために必要な、熱望（欲）、習慣性（心）、精進（勤）、分析（観）という四つの修行。三昧の力によって超能力が得られる。

五根（五つの能力）　信心（信［しん］）、精進（勤［ごん］）、注意深さ（念［ねん］）、禅定（定［じょう］）、智慧（慧［え］）という五つの能力。

五力（五つの高められた力）　五つの能力がさらに高められた力。

七覚支（七つの悟りを生む要素）　注意深さ（念）、現象を識別する智慧（択法［ちゃくほう］）、精進、喜び（喜）、柔軟さ（軽安［きょうあん］）、禅定（定）、平らかな心（捨）。

八正道（八つの正しい道）　正しい見解（正見［しょうけん］）、正しい考え（正思［しょうし］）、正しい言葉（正語［しょうご］）、正しい行為（正業［しょうごう］）、正しい暮らし（正命［しょうみょう］）、正しい努力（正精進［しょうしょうじん］）、正しい注意深さ（正念［しょうねん］）、正しい禅定（正定［しょうじょう］）。

しかし、同じ修行を実践しても、修行をする際の心の動機の違いによって、得られる結果には違いが出てきます。小乗の場合は煩悩を滅するだけですが、大乗の場合は煩悩だけでなく、一切智を得ることを妨げている障り（所知障《しょちしょう》）も滅することができるのです。

仏陀の三つのおからだ
——法身、報身、化身

このように考えてみると、インドに生まれたシッダールタという釈迦族の王子は、大乗の観点からすれば、仏陀の化身でしかありません。三阿僧祇劫にわたって功徳と智慧の二資糧を集め、それによって悟りを開かれたのは、化身のもととなる法身です。法身とは、すべての捨てるべきもの（煩悩障と所知障）を滅し、得るべきすぐれた資質をすべて備えた「真理のおからだ」のことです。

法身は、姿かたちを持たない「真理のおからだ」なので、ごくふつうの人間には見えません。そこで、直接お目にかかることのできる存在として現れたのが、「形のあるおからだ」である色身なのです。

色身には、報身と化身があります。しかし、報身には、報身にまみえるのにふさわしい菩薩や聖者以上の者しかお目にかかることはできません。そこで、ごくふつうの者たち（凡夫《ぼんぷ》）もお目にかかることのできる存在として現れたのが、化身なのです。

化身にも種類がありますが、よきカルマを持ったふつうの者たちがまみえることのできるのが「最もすぐれた化身」であり、仏陀釈迦牟尼がこれにあたります。このように、仏陀には、法身、報身、化身という三つのおからだがあると大乗仏教では説明しています。

二つの法身
――自性身と智慧の法身

では、すべての捨て去るべきものをなくし、すべての得るべきものを備えた法身とは、どのようにして得られるのでしょうか。

法身には、自性身と智慧の法身があります。さらに、自性身には、本来的に清らかな姿である自性清浄法身《じしょうしょうじょうほっしん》と、煩悩障と所知障によって一時的に汚れていても、その汚れを滅することによって現れる客塵清浄法身《きゃくじんしょうじょうほっしん》があります。はじまりなき遠い昔から、私たちの心の本質は光り輝く汚れのないものであり、たとえ一時的な汚れを得ても、その汚れは滅することができるのです。このような光り輝く汚れのない心の本質が仏陀の境地に至ると、これが自性身になります。

この自性身をもとにして、一切の知るべきものを知ることができるようになると、その智慧は智慧の法身と呼ばれます。法身には、自性身と智慧の法身があることを数にいれると、仏陀には、自性身、智慧の法身、報身、化身という四つのおからだがあることになります。

「最もすぐれた化身」とは、報身が化身という姿をとって現れたものの中で最高のものです。釈尊は「最もすぐれた化身」であり、釈尊が悟りを開かれてから四十五年後に、「最もすぐれた化身」としてのおからだは涅槃に入られて滅したわけですが、その化身のもととなった報身は、ずっと存在し続けています。

釈尊は、三阿僧祇劫という無限に近い長い時間をかけて積まれた功徳と智慧の二資糧によって、すべての有情《うじょう》*たちのために「この虚空が存在する限り、すべての生きとし生けるもののために尽くします」という誓願をされました。その結果、悟りを開かれて涅槃に入られたあとも、この虚空が存在する限り、釈尊の加護が続いているのです。

その加護を与えている仏陀のおからだは、自性身と智慧の法身からなる法身と、報身です。法身と報身は、虚空が続く限り存在しています。そして、時が熟したときに化身としてお姿を現され、私たちにもお目にかかれる機会がこの世に現れてくるのです。

さきほどお話しした「仏陀・仏法・僧伽」という三つの帰依の対象は小乗と同じですが、大乗仏教の教えはこのようにとても深く、そして幅広く説明されています。また、大乗仏教で「空」の教えが強調されて説かれているのは、仏陀の自性身を理解するためなのです。

大乗仏教の帰依の特徴

大乗仏教の帰依に関する三つの特徴が、マイトレーヤ（弥勒《みろく》）の『大乗荘厳経論《だいじょうしょうごんきょうろん》』

有情　情（心の働き・感情）を持つものという意味。一切の生きているものを総称する語。旧訳では衆生［しゅじょう］。

の中で説明されています。

第一の特徴は、すべての有情を利益し、救済することを目的に、心から三宝に帰依するということです。

第二の特徴は、悟りを開いて仏陀になると約束することです。つまり、すべての有情を利益するために、その手段として自分が仏陀の境地に至ることができるようにと願い、その仏陀の境地に帰依をするのです。

そして第三の特徴は、悟りとは何かを理解することによって、悟りを得たいと願う気持ちをさらに強くして帰依することです。

さらに、帰依には、「因としての帰依」と「果としての帰依」という二種類があります。「因としての帰依」とは、私たちが結果として求めている仏陀の三身を成就するために、その因として、他の人の持つ徳や智慧に帰依することです。

「果としての帰依」とは、結果として成就しようとしている「仏陀・仏法・僧伽」の徳や智慧に対して帰依することであり、三宝のすぐれた資質を自らが得ることを約束することによってなす帰依のことです。

密教の帰依の特徴

密教の修行では、自分のからだを本尊として観想するために、まず「空」について瞑想します。そして、その「空」の理解を本尊として生起させていきますが、本尊は「空」の本質のものであり、本尊のまわりに他の尊格を観想するときも、これらのすべての現われは実体のない「空」の本質を持つものであるという理解が心にあるので、ひとつの心の中で、方便（本尊）と智慧（「空」）*が分け隔てることのできないひとつの本質のものとなるのです。

このような修行をするとき、密教の修行は波羅蜜乗（大乗の顕教）よりさらに深遠なものになっています。これが密教の帰依になるので、密教の帰依のしかたも、より深遠なものになっているのです。

方便と智慧　顕教と密教に共通の意味としては、「方便」とは菩薩心、「智慧」とは「空」を理解する智慧のことであるが、顕教とは異なる四つのクラスの密教に共通する意味としては、「方便」とは本尊のお姿、「智慧」は「空」を理解する智慧のこと。

色身と法身を得るための実質的な因

小乗と、大乗の波羅蜜乗、そして密教の三つの下位のタントラでは、智慧の集積によって仏陀の法身を、功徳の集積によって仏陀の色身を得ることができると述べられています。しかし、仏陀の法身と色身を得る実質的な因は何なのかということについては詳しく説かれていません。

一方で、無上ヨーガタントラの場合には「本源的な光明の心」という最も微細なレベルの意識によってこれを説明しています。この「本源的な光明の心」の乗り物となる「本源的な風（ルン）」が、仏陀の色身を得るための実質的な因となり、「本源的な風（ルン）」に乗っている最も微細なレベルの意識、つまり、「本源的な光明の心」が、仏陀の法身を得る実質的な因となるのです。

風（ルン）とは、気や生体エネルギーのようなもので、私たちの生理活動を支えています。私たちの粗なレベルの心が、粗なレベルのからだに依存して存在しているように、最も微細なレベルの意識である「本源的な光明の心」は、「本源的な風（ルン）」を乗り物として、それに依存して存在しているのです。

「本源的な光明の心」を顕現させる
――粗なレベルの意識の活動を止める

「本源的な光明の心」を修行の道において使うことで、方便と智慧を分かつことのできないひとつの本質のものとして修行するという、無上ヨーガタントラだけに特有の「本尊ヨーガ」を行うことができます。ですから、「本源的な光明の心」は、無上ヨーガタントラの修行の本質となっているのです。そして、「本源的な光明の心」を修行の道において使うためには、粗なレベルの意識の活動を止めてやらなければなりません。

粗なレベルの意識の活動を止めることができるのは、「死の光明」が現れるときです。輪廻におけるふつうの死を迎えるとき、「死の光明」が現れてきますが、その場合は、「死の光明」はただ現れるだけであり、それを各自が認識することはできないので、「死の光明」を修行に使うことはできません。

そこで、私たちが生きているときに、ヨーガ（修行）の力によって、粗なレベルの意識の活動を止めて、「死の光明」のような状態を起こすことが必要になります。そのためには、もともと私たちが持っている「本源的な光明の心」を顕現させることのできる機会を作る必要があるのです。ふだんは眠っている状態にある「本源的な光明の心」が覚醒して現れてくるチャンスをとらえて、それをヨーガ（修行）の力でサポートすることによって、死のときに現れる「死の光明」のような、最も微細なレベルの意識を顕現させて、粗なレベルの意識の活動を止めるわけです。

「本源的な光明の心」が現れるとき

「本源的な光明の心」が現れるのは、あくびをするとき、くしゃみをするとき、深い眠りにおちているとき、風（ルン）が心滴（ティグレ）に溶けるとき、そして死ぬときです。「死の光明」は法身のもととなるので、「母なる光明」といわれています。死のときに自然に現れる光明の心のことです。

「本源的な光明の心」が最も明らかに現れるのは、眠っているときです。これを修行の道に使うことができれば一番効果的ですが、眠っているときは記憶力が弱いので、これを使うことはできません。また、あくびやくしゃみをするときに「本源的な光明の心」が現れても、あくびやくしゃみを止めてそれを持続させることはできないので、これを修行に使うこともできません。

しかし、風（ルン）が心滴（ティグレ）に溶けるときに、もしその状態を止めることができれば、「本源的な光明の心」を維持することができるのです。

秘密の帰依
――脈管（ツァ）、風（ルン）、心滴（ティグレ）

この理由から、脈管（ツァ）、風（ルン）、心滴（ティグレ）の修行をする段階がきます。

脈管（ツァ）とは、風（ルン）の通り道のことであり、背骨に並行して中央と左右に三本の脈管があります。

心滴（ティグレ）とは、中央脈管の心臓の高さにある滴のことで、最も微細なレベルの意識である「本源的な光明の心」と「本源的な風（ルン）」が入っていますが、粗なレベルの意識とからだが活動しているときは、「本源的な光明の心」も「本源的な風(ルン)」も覚醒していません。

無上ヨーガタントラの帰依には、外の帰依、内の帰依、秘密の帰依があるといわれています。

外の帰依とは、「仏陀・仏法・僧伽」の三宝に帰依をすることです。

内の帰依とは、加持を与えてくれる根本のラマ、成就を得るための根本の本尊、覚者の行いによって修行者を支えてくれる根本のダーキニーに帰依をすることです。

そして、秘密の帰依では、脈管(ツァ)、風(ルン)、心滴(ティグレ)がその帰依の対象となります。この帰依は、各自の脈管(ツァ)、風(ルン)、心滴(ティグレ)のある場所に意識を集中して瞑想し、それに揺らぐことなくとどまることによって、粗なレベルの意識の活動を止めることを意味しています。

父母尊の合体仏

無上ヨーガタントラの経典の中には、本尊が父母尊の合体仏というお姿で出てきます。

なぜかというと、男女の性的合一によって風（ルン）が心滴（ティグレ）に溶け、「本源的な光明の心」が現れてくるので、これを修行の道として使うために合体仏としてのお姿が現れるのです。ですから、父母尊の合体仏としての本尊のお姿を、ふつうの性的合一だと考えたりしてはいけません。

仏陀の「形あるおからだ」（色身）は、努力することなしに生ずる倶生のおからだであり、すべての有情を助けるために自然に生じます。仏陀の色身は、有情たちに利益をなすために、他の者が直接お目にかかることのできるお姿として現れたおからだなのです。ある経典の中では、仏陀のおからだは他の人のからだの連続体に属するものだと述べられていますが、これはそういう意味でいわれているのではないでしょうか。

法身は、悟って仏陀となった者にしか見えないおからだですが、色身は、仏陀以外の者たちがお目にかかることのできるおからだです。ですから、他の人たちが何を求めているかによって、それに合ったお姿で、努力することなしに自然に仏陀の形あるおからだが現れてくるのであり、父母尊の合体仏としての本尊のお姿も、修行の道で「本源的な光明の心」を使うための方便として現れてくるのです。

3. 菩提心を育み、完全なる仏陀の境地をめざす

完全なる仏陀の境地を得るためには

さて、一般的な仏教の概要について説明しましたので、仏教の教えをどのように実践するべきか、その修行方法についてお話しすることにしましょう。

仏教の最終的な目標は、完全なる仏陀の境地（一切智の境地）に至ることです。そして、完全なる仏陀の境地とは、自分の目的と他者の目的をともに完全に成し遂げることだといわれています。

では、完全なる仏陀の境地は、いったいどうすれば成就できるのでしょうか？

完全なる仏陀の境地を求めることは、すべての命あるもの（一切有情《いっさいうじょう》）の利益をはか

ることを主眼としているので、「すべての有情のために」と願う心がなければ成就することはできません。つまり、すべての有情の苦しみを取り除き、永続する幸せの境地に導いていきたいと願う心と、それを自分が成し遂げようという固い決意の心を持った菩提心を育むことが必要です。

菩提心については、マイトレーヤ（弥勒）の『現《げん》観《かん》荘《しょう》厳《ごん》論《ろん》』の中に詳しく説明されており、菩提心とは二つの熱望を持った心である、と述べられています。つまり、すべての命あるものを利益し、救済したいという熱望と、その目的を果たす手段として、完全なる仏陀の境地に至りたいという熱望の二つを兼ね備えた心のことをいうのです。

ですから、完全なる仏陀の境地に至るためには、自分自身の心に菩提心を育まなければなりません。

愛と慈悲の心を育む

すべての命あるものを利益し、救済したいという熱望を持つためには、愛と慈悲の心を育まなければなりません。すべての有情たちが、どれほど苦しみに打ち負かされているかという現実を考えて、彼らをその苦しみから自由にしてやりたいと願うことを「慈悲の心」といいます。そして、すべての有情たちを幸せにしてやりたいと願う心が「愛」なのです。

そこで、すべての有情たちがどれほど苦しみから逃れたいと望んでいるか、どれほど幸せを得たいと望んでいるかを考えることによって、愛と慈悲の心を育んでいかなければなりません。この二つの心に基づいて、他者のために働こうという気持ちが芽生えてくるからです。

では、すべての有情たちが苦しみにあえいでいるのを見るに堪えず、苦しみから救ってやりたいと願う「慈悲の心」を起こすためには、何が必要なのでしょうか？　そのためには、苦しみに打ちひしがれている有情を放っておくことができず、これではいけない、何とかしてやりたいという有情たちに対する親密で切羽詰まった強い気持ちを持つことと、苦しみを認識すること、この二つが必要となります。

そこで、苦しんでいる有情たちを何とかして助けなければ、という強い気持ちを起こすためのひとつの方法として、「因と果の七つの教え」があります。

この方法では、①すべての有情を母と認識すること、②母である有情たちから受けてきたはかりしれない恩に気づくこと、③その恩に報いようとする心を養うこと、④すべての有情に対する心からの親密な愛情を持つこと、⑤「慈悲の心」を起こすこと、⑥自分がすべての有情を救おうという決意を持つこと、というこれらの六つの段階を因として、結果である第七の段階で、菩提心を起こすことができるのです。

また、菩提心を育むための別の方法として、シャンティデーヴァ（寂天）が『入菩薩行論』の中で説かれているのは、「自分と他者の立場を入れ替えて考える」という方法です。

この方法では、自分だけを大切にする利己的な考えかたにはどのような欠点があるのか、それにひきかえ、他のすべての有情たちを大切にいとおしむ心を持つと、どんなにすばらしい結果が得られるのかを考えることによって、利己的な態度と他者を大切に慈しむ態度を入れ替えていきます。

この二つの方法のいずれかを実践することによって、すべての有情たちに対する「慈悲の心」を起こし、菩提心を育むことができるのです。

輪廻の苦しみについて考える

さらに、菩提心を育むためには、自分自身が打ちのめされている数々の苦しみがいったいどのような本質のものなのかを認識することも必要です。

苦しみには、「苦痛に基づく苦しみ」「変化に基づく苦しみ」「遍在的な苦しみ」という三種類の苦しみがあります。

これらの苦しみについてよく理解すると、苦しみにあふれたこの輪廻から何とかして自由になりたいと願う「出離《しゅつり》の心」が起きてくるのです。「出離の心」がなければ、小乗仏教の涅槃、つまり、輪廻からの解脱を得ることはできません。

涅槃を理解するためには、釈尊が第二法輪で説かれた「空」の教えを理解することが必要です。「空」の理解がないと、初転法輪で説かれた「四つの聖なる真理」（四聖諦《ししょうたい》）を理解することはできません。

「四つの聖なる真理」とは、「苦しみが存在するという真理」（苦諦《くたい》）、「苦しみには因が存在するという真理」（集諦《じったい》）、「苦しみの止滅が存在するという真理」（滅諦《めったい》）、「苦しみの止滅に至る修行道が存在するという真理」（道諦《どうたい》）という四つの真理のことです。

つまり、「空」の理解がないと、第四の真理である道諦を理解することができません。道諦を理解できなければ、滅諦で説かれている苦しみの止滅、すなわち涅槃が存在することを理解することもできず、涅槃について知ることは難しくなってしまいます。

涅槃の意味を利用したり、涅槃という名目だけを欲しがっている人はたくさんいますが、涅槃の意味をきちんと理解するためには、「空」の意味を正確に理解しなければなりません。

「遍在的な苦しみ」について説明すると、煩悩に影響されてなした悪い行いの結果として得た私たちの心とからだは汚れたものであり、本来的に苦しみの本質を持つものである、ということを意味しています。この種の苦しみが存在することを理解して、「遍在的な苦しみ」からも自由になりたいという願いがないと、仏陀の境地に至りたいという気持ちを起こすことはできません。

とても難しいことですが、これは小乗の経典の中で説かれている仏教の基本的な教えであり、仏教を修行するための土台として各自がよく考えるべきことなのです。

このように、自分自身が得ている輪廻の苦しみを考えることによって、その苦しみから自由になり、仏陀の境地に至りたいと願う気持ちがなければ、他の有情たちが得ている輪廻の苦しみに対して慈悲の心を持つことはできません。

たとえば、アフリカで飢饉が起きたときなど、誰もがかわいそうだという気持ちを起こしますが、金持ちや権力者などに対しては、慈悲の心を起こすことはなく、そのかわりに嫉妬心を持ってしまいます。そういった人々は、一見幸せそうに見えていますが、実は彼らも輪廻の苦しみから解放されてはいないのだということを認識することができないからです。

しかし、金持ちや権力者たちにも、「変化に基づく苦しみ」があるだけでなく、煩悩に影響されてなした悪い行いの結果として苦しみにあふれた輪廻に生を受けている、という意味の「遍在的な苦しみ」もあるのだということを知ることが大切であり、それは、自分自身が得ている苦しみについて考えてみればよく理解できると思います。すると、自分とまったく同じように、他のすべての人たちも輪廻の苦しみを抱えているのを知って、どのような人に対しても、かわいそうだという慈悲の心を起こすことができるようになります。

ですから、すべての有情に対する心の底からの慈悲の心を持つためには、まず自分自身が打ち負かされている苦しみがどのようなものであるかをよく理解していなければなりません。ここで説明した慈悲の心は、大乗の修行者である菩薩が持っている「大いなる慈悲の心」（大悲）のことです。

悟りと四聖諦について考える

そして、悟りを得たいという気持ちを起こすためには、悟りとは何なのかということを理解していなければなりません。

先ほども言いましたが、「苦しみの止滅が存在するという真理」（滅諦）と「苦しみの止滅に至る実践道が存在するという真理」（道諦）を理解できなければ、完全なる仏陀の境地に至ることは難しくなってしまいます。そういう意味で、「四つの聖なる真理」（四聖諦）を理解していなければ、悟りを得ることはできません。

悟りを得て、仏陀の境地に至りたいと願う心を起こすためには、まず「四つの聖なる真理」について考えることが必要です。悟りを得るためには、苦諦と集諦で説かれている、苦しみと苦しみの因をなくさなければなりません。

そこで、苦しみの因は何なのかというと、煩悩と、煩悩に支配されてなす悪い行いの二つです。つまり、煩悩の力によって私たちの心はかき乱され、悪い行いをしてしまい、その結果として苦しみを得ているのです。このことを自分の経験から理解することができたなら、そのときはじめて、煩悩を滅するために修行に励もうという気持ちが起きてくるのです。

今生に対する執着を捨てる

しかし、今世の楽しみや幸せだけを追い求めていると、こういった気持ちが起きてくることはありません。今世の快楽だけを望んでいる人にとっては、この人生だけが大切であり、来世のことなど余計な話ですし、悟りや仏陀の境地の話などに至っては、面倒なだけで何も意味がないからです。

今世の衣食や快楽を得ることだけに満足せず、人間はどこからやってきて、どこへいくのか、人間の心はどのように機能しているのかなどについてよく考えている人しか、来世のことや悟りに関心を持つことはなく、来世や悟りについてなど考えもしない人たちは、これらのことについて考えたり、調べたりすることはありません。ですから、仏陀の境地に至りたいと願う心を起こすためには、来世のことを考える心がないと難しいのです。

来世において、恵まれたよき生を得るためには、今世に対する執着を捨てることが必要です。そのためには、小乗の経典に説かれている「三十七道品」の修行の中の「四つの注意深い考察」(四念処)の実践をしなければなりません。

「四つの注意深い考察」とは、からだ、感覚、心、その他の現象がどのような本質のものなのかを注意深く考察し、その本来のありようを理解するための修行です。つまり、不浄なものを清浄だと思う、苦を楽だと思う、無常なものを永遠だと思う、無我のものに自我があると思う、という四つの誤った考えを滅するための実践です。

たとえば、からだについて考えてみると、人のからだは私たちが思っているような清らかなものではありません。実際の私たちのからだは、血や肉や内臓が詰まった袋のようなものであり、実は不浄なものであるということを知ることで、からだに対する執着を減らすことができるのです。

これと同様に、ふつう私たちが幸せだと思っている感覚は、実は苦しみの本質を持つものであるということ、永遠だと思っている心は、無常の本質を持つものであるということ、実体があると思っているその他の現象は、無我の本質を持つものであることをそれぞれ考察することによって、今世のものに対する執着の心をなくしていかなければなりません。

このようにして、まず今世に対する執着をなくし、次に来世に対する執着をなくしていくことで、解脱を得て、悟りの境地に至りたいという心を育てていくことができるのです。

徳の薫習

では、今世に対する執着を捨てて、来世のためになることを考えるにはどうすればいいのでしょうか？　今世のすばらしいものへの執着を捨てるとは、何もせずにただ寝ているという意味ではありません。瞑想だけをして暮らすことでもありません。

私はふつう、仏教を信じている人々や、前世と来世があることを受け入れている人々には、今世と来世のことを半々に考えるようにアドバイスしています。五十パーセントはこの人生のために使ってかまいませんが、五十パーセントは来世のためになることを考えることができたらよいと思うのです。この人生のことだけを考えていると、来世のためになることはありませんし、また今世のことをすべて捨てて、生活のために必要なことを何もしないでいることもよくないからです。

来世のためになることをするには、無常について考えることが大切です。生まれてきたものはみな、必ず死ぬ運命にあるわけであり、死ぬときには、この人生で蓄えたすべての財産や、愛する人、友人、そして自分のからだまで、すべてを置いてひとりで旅立っていかなければならず、死に直面したときは、これらのものは何の役にも立ちません。

では、来世のために何が役に立つのかというと、自分が今世で積んだ徳と、徳を積むよい行いをすることに慣れ親しんだ心（徳の薫習《くんじゅう》）です。これ以外に役に立つものはありません。

ですから、ふだんから徳を積み、徳を積むよい行いをすることに心を慣れさせておくことが大切です。

因果の法と帰依

徳あるよい行いをすることに慣れるためには、よい行いをすることを心の底から好み、喜びをもってすることです。心の底からよい行いをしたいと望む気持ちを起こすためには、よい行いをするとどのようなすばらしい利点が得られるのかを認識することが必要です。

つまり、他の人たちに役立つよい行いをすると、その結果として自分は幸せになり、他の人たちを害するような悪い行いをすると、その結果として苦しみを得ることになる、という因果の法を理解しなければなりません。

しかし、因果の法には非常に微細なレベルのものもあり、それらは論理的に理解できるものではなく、推論で推し量っても理解し難いものがあります。そこで、微細なレベルの因果の法は、解釈を必要としない了義の経典に依存して理解しなければなりません。釈尊の教えには、了義の経典に依存して理解しなければならないものと、論理によって理解するべきものがあるのです。

釈尊は、「四つの聖なる真理」(四聖諦)に基づいて、私たちは何を捨てるべきなのか、何を養い育てるべきなのかを説かれています。つまり、苦しみとその因を捨て、苦しみの止滅の境地に至るための修行の道を実践しなければならないことを示されているのです。

釈尊は、悟りを開かれたのち、「四つの聖なる真理」の教えを説かれたのであり、釈尊の教えがまとめられた経典には、先に説かれたこととあとに説かれたこととの間に矛盾は何もありません。また、直接的にはっきり説かれていることにも、間接的に暗示されていることにも、矛盾はどこにも見られません。

ですから、「四つの聖なる真理」によって説かれた因果の法も、信頼できる教えなのであり、真理を説かれた方である釈尊に帰依することは、因果の法を信じることでもあるのです。

ラマに頼り、師事する

今生に対する執着をなくすという実践から、密教に至るまでのすべての修行の段階は、

『ユンテン・シルキュルマ』（功徳のもと）という短い読誦用のテキストの中に述べられています。『ユンテン・シルキュルマ』は、ラマ・ツォンカパが『菩提道次第論』（ラムリム）の教えの要点を短い偈頌にまとめられたもので、チベット人はいつもこれを唱えています。

『ユンテン・シルキュルマ』の中で最初に説かれているのは、ラマ（師）に頼り、師事することです。ラマに必要とされる資質については、律蔵、経蔵、そしてタントラの経典の中にも詳しく説かれており、仏教の修行をするために、ラマはとても重要な存在なのです。

たとえば、学校の先生がよい先生でないと、その学校はよい学校にはなりません。生徒がよくなるかならないかも、先生がどんな先生であるかに大いに依存しています。これと同じように、仏教の修行を正しく実践するためには、師としての資格を備えたラマに頼ることが必要である、と釈尊は説かれています。

ですから、経典に説明されているラマの持つべきすぐれた資質をすべて兼ね備えた人、あるいは、すべての資質がそろっていなくても、大いなる徳と知識を持った人をラマ（師）と仰ぐべきなのです。

4. 有暇のある人間の生

すべての生きとし生けるもの

次に、『ユンテン・シルキュルマ』には、有暇《うか》のある人間の生がいかに貴重なものであるかについて説明されています。有暇とは、仏教の修行をするための時間を得た恵まれた境涯のことであり、ただ人間に生まれただけでは、有暇があるとはいえません。

仏教の教えでは、この地球には人間だけでなく、すべての生きとし生けるものたちが住んでいるといわれています。

私たちチベット人の口癖に、「母なるすべての生きとし生けるものたち」という表現があります。アムド地方にあるチベット民族自治州のゴロクの人たちは遊牧民なので、ヤクや羊などを殺すのですが、口では「母なるすべての生きとし生けるものたち」というのです。

昔、私が小さかった頃のことです。チベット暦のお正月のあとに行われる大祈願祭の時、ゴロクの人たちがたくさんやってきました。バターや肉などを売るためにやってくるのです。今でも覚えていますが、ある日商売が終わったとき、ひとりのゴロクの人が、下にはシャツも着ずに毛皮のチュパ（チベットの民族衣装）だけを着て、片肌を脱ぎ、「母なるすべての生きとし生けるものたち……」というのです。

ゴロクの人たちは遊牧民なので、何の学問もないのですが、チベットでは大乗仏教の教えが広く普及していたので、心の中でその言葉の意味を思い浮かべるより先に、口からただ「母なるすべての生きとし生けるものたち……」と出てしまうのでしょう。

また、最近ラサから来たあるおかあさんに会うことがありました。そのとき、そのおかあさんが、「チベットにどうか早く帰っていらしてください。母なるすべての生きとし生けるものたちに会えます」というのです。まるでチベットにしか生きものがおらず、地球の他の場所には生きものがいないかのように（笑）。

まったく理屈などあっていないのですが、「母なるすべての生きとし生けるものたち」

という言葉が口から自然に出てくるということは、本当に貴重なことだと思います。

このような言葉を口にすることに慣れている人たちが、虫などが殺されるのを見ると、瞬間的に、あぁかわいそうに、という気持ちが強く自然にあふれてくるのです。

しかし、「母なるすべての生きとし生けるものたち」という呼びかたをすることにまったく慣れていない人たちが人権の尊重などを主張するとき、大変なプライドを持っていますね。人間の権利はとても大事なことですが、仏教的な観点からいうと、人間だけの利益を考えて、他の生きものたちをその犠牲にしているとしたら、それはとてもおかしなことなのです。

そういう意味では、人間だけが貴重で大切な存在だと考えて、他の命あるものたちのことなどまったく気にしない人たちは、有暇のある人生を得ているとはいえません。

広い視野に立った見かたが人生を幸せにする

これと同じように、仏教の修行者が「今世」というとき、それは数限りない生の中のほんのひとつに過ぎないのであり、今世だけがすべてではないのだという考えかたが根本にあるので、自然に心の持ちかたが大きな広いものになっています。もちろん、他のどの宗教も大変すばらしく、多くの人の役に立っています。その意味で、私は本当に純粋な気持ちで、他のすべての宗教を尊敬しているのです。

しかし、仏教徒の立場からいうと、前世や来世の存在を信じない人が修行をしても、今世のことだけに望みをかけることになってしまいます。そして、他の生きものたちのことなど考えず、今世における人間の利益しか考えずに行動するようになってしまうと、考えかたが小さく狭くなってしまいます。すると、ほんの些細な問題が起きただけで、それが耐え難いことに感じられてしまうのです。

しかし、大乗仏教の教えに基づいて、「母なるすべての生きとし生けるものたち」というとき、私たちはより広い考えかたをすることができます。数多くの生があることを考えていれば、自然に広い視野に立った見かたをすることができるからです。そのような態度で自分の人生を見てみると、たとえ同じ人生の同じ状況であっても、ものの見かたの違いから、より平穏で幸せな心を維持することができるのです。

人間の欲深さがもたらす地球の危機

また一方で、人間は、この地球上に生きているすべての命あるものの中で、一番悪い生きものだと思うのです。この地球上には、さまざまな種類の生きものたちが、非常に長い年月を生きています。しかし、その中で、一種類の生きものが原因となって地球に危機をもたらしているものなど人間以外にひとつもありません。あらゆる種類の生きものの中で、人間だけが限度を超えて欲深くなり、これが原因となって、地球上に新たな危機を次々ともたらしているのです。

この地球は、人間の欲深さのために、非常に多くの問題に直面しています。たとえば、トラやヒョウなどの肉食動物は大変獰猛で、他の生きものを殺して食べていますが、それは生き延びるためであり、お腹がすいたときに必要なだけの量を食べているのです。

ところが人間は、自分に力がなくても、いろいろな道具を使って、空を飛んでいる鳥や、海や陸に住んでいる多くの生きものたちにひどい仕打ちをしています。

ずっと昔の人間は、洞窟の中に住んで、草を敷いて暮らしていました。しかし、草を敷いても暖かく過ごすことができなかったので、動物の皮で作った着物や毛を織った織物などを着るようになりました。それからというもの、人間は自分たちが暮らしていくために、他の生きものたちに大変な迷惑をかけてきたのです。

食べ物についても、昔の人間は木の実や草の根を食べ、たまに動物を殺して食べるしか他に方法はなかったのですが、人間は次第にいろいろな道具や手段を用いることが上手になり過ぎたため、さまざまな動物や鳥たちがかわいそうな目にあっています。そして、ヤクや羊などの動物たちは、人間が使うものとしか考えられておらず、こういう動物たちにも命があるのだという感覚が人間にはありません。

すべての動物たちが、苦しみを避けて幸せに過ごしたいと思っているのは、私たち人間とまったく同じなのだということを考えもせず、まるで動物たちは苦しみなど感じないかのように、人間の所有物のように使っているのです。

人間は大変すぐれた能力を持っているので、良し悪しを区別して計画を立て、その計画に従って機械などのいろいろな道具を使うようになり、それによって他の動物たちを支配する大きな力を持つようになりました。しかし、一方では、地球上のありとあらゆる種類の生きものたちの中で、地球に一番多くの迷惑をかける存在になってしまったのです。

もし、私たち人間がこのまま同じ方向に進んでいけば、人間が人間を破滅させてしまうことにもなりかねません。ひどい話ですね。これは人間の悪い側面ですが、これをこのまま続けていったとしたら、自分たち人間も苦しむことになりますし、他の生きものたちも苦しむことになってしまいます。誰も苦しみなど望んでいませんし、幸せになりたいと思っているのですから、自分も他人も苦しむことになるようなことをしていては、どうしようもありません。

人間だけにできること
——有暇のある生をどう使うべきか考える

しかし、一方では、すべての命あるものたちのために働こうという菩提心を持つことや、「空」を理解して正しい見解を持つことは、人間だけにできることであって、他の生きものたちにできることではありません。

他の有情たちを助けよう、そして自分がそれをやり遂げようという強い決意と、正しくものごとを考えることのできる知性によって、数限りない有情たちを救うために仏陀の境地に至ろうと願う心を起こすことができるのです。少しずつ心を訓練していけば、このようなすぐれた心の動機を持てるようになります。このようなことは、他のどんな生きものたちもすることはできません。

よいことをすれば、自分も救われますし、他の人たちもまた救われることになります。自分も他の人たちも苦しめてしまうような悪い行いをする方をとるか、自分も他の人たちも幸せになる方をとるか、その選択は私たち自身の手の中にあるのです。有暇のある尊い人間の生を得ているのなら、それをどのように使うべきなのかをよく考えるべきだと思います。

この人生をひとりのよい人間として生きることは、とても大切なことです。よい人間として生きるとは、外見をよくすることではありません。正しく誠実な心を持って生きる、という意味なのです。やさしさと思いやりのある心を持って、他の人たちに役立つことをすることであり、外見的にどう見えても、それには関係がありません。そして、ひとりのよい人間として生きていくためには、仏教の教えがそのよき土台になるのです。

宗教に信心していない人であっても、ひとりのよい人間として生きることはとても大切なことであり、それはその人の幸せの源となります。やさしい心を持っていれば、からだも健康になりますし、たくさんの友だちもできます。その逆に、悪意を持っていると友だちもできませんし、自分自身も気が滅入って憂鬱になってしまいます。

つまり、自分がやさしい心を持てなければ、この世界も、そこに住む生きものたちも、すべてを敵にまわすことになってしまいます。しかし、自分がやさしい心を持つことができたなら、この世界のすべてを味方にすることができるのです。

5. 三種類の人が実践するべき修行の道

小さな能力を持った人（小士）の修行の道

偉大なる導師アティーシャは、『菩提道灯論』の中で、三種類の人が実践するべき修行の道について説明されています。

三種類の人とは、無常について考え、来世における神や人としての恵まれた生を得ることを目的とする小さな能力を持った人（小士）、輪廻の苦しみを理解して、輪廻からの解脱を目的とする中位の能力を持った人（中士）、すべての有情たちを利益し、救済するために完全なる仏陀の境地（一切智の境地）に至ることを目的とする大きな能力を持った人（大士）です。

小さな能力を持った人（小士）の修行の道では、「苦痛に基づく苦しみ」について考え、瞑想することを主体としています。「苦痛に基づく苦しみ」について考えることによって、その苦しみから自由になりたいという願いを起こし、来世において神、あるいは人間という恵まれた生を得ることが達成するべき目標となります。この種のよき生を得ることが、どんなにすばらしいことなのかを考えて、それを忘れないように心にとどめておかなければなりません。

そして、三悪趣*の生は、「苦痛に基づく苦しみ」が多い不幸な生であることを考えて、三悪趣に生まれる因となる悪い行いをしないようにすることが必要です。そして、神や人間としての恵まれた生を得るために、よい行いをしなければなりません。これが、小さな能力を持った人（小士）が実践するべき修行の道です。

三悪趣　六道輪廻の中で、悪業を積んだ結果として生まれ変わる地獄・餓鬼・畜生という苦しみが多い三つの生存。

中位の能力を持った人（中士）の修行の道

次に、中位の能力を持った人（中士）の修行の道では、解脱を得ることが目的となります。この段階では、「変化に基づく苦しみ」と「遍在的な苦しみ」について考えることが主に説かれており、それによって解脱を求める心を起こすのです。

私たちは、煩悩と、煩悩に影響されてなす悪い行いに支配されている限り、輪廻の中で苦しまなければなりません。そこで、煩悩の束縛から自由になるために、煩悩を滅するための修行を実践して、解脱を得なければならないのです。

小さな能力を持った人（小士）の修行の道では、達成すべき目標である神や人間の生を得たとしても、それは輪廻の中のひとつの生でしかなく、苦しみの域を超えるものではありません。しかし、中位の能力を持った人（中士）の修行の道では、神や人間に生まれるだけでは十分ではないことを知り、輪廻の生におけるすべての苦しみから解放されることを願って、解脱を得ることを目的としているのです。

解脱を得るためには、戒律・禅定・智慧という「三つの高度な修行」（三学）を実践しなければなりません。解脱を得ることを妨げているのは、主に煩悩という障りであり、煩悩を滅する対策は、無我を理解する智慧となります。そして、無我を理解する智慧を得るためには、心を一点に集中する力を養うために禅定の修行をすることが必要です。さらに、禅定の修行をよく修めるためには、規律正しい生活をする戒律の修行が必要です。

まとめると、各自が授かった出家か在家としてのそれぞれの戒律を守るという修行を土台として、禅定の修行を効果的になすことができます。そして、禅定の修行に基づいて、「空」を理解する智慧が育まれてくるのです。

このようにして、一点集中の力（「止」）と「空」を理解する鋭い洞察力（「観」）を結び合わせて修行することによって、解脱を得ることができます。

これが中位の能力を持った人（中士）の修行の道であり、小乗仏教の五つの修行道（資糧道《しりょうどう》・加行道《けぎょうどう》・見道《けんどう》・修道《しゅどう》・無学道《むがくどう》）は、小さな能力を持った人（小士）と中位の能力を持った人（中士）の修行の道をとおしてこのように実践していくことになります。

大きな能力を持った人（上士）の修行の道

大きな能力を持った人（上士）の修行の道は、大乗仏教の道であり、修行の目的はさらに高いレベルのものになります。大乗仏教では、自分ひとりが解脱を得ただけでは目的が達成されたことになりません。大乗仏教では、自らの悟りはすべての有情たちを利益し、救済するための手段に過ぎず、最終的な目標は、すべての有情たちの苦しみを取り除き、永続する幸せの境地に導いていくことにあるからです。

大乗の目的は、完全なる仏陀の境地、つまり、すべてを知ることのできる智慧を得た一切智の境地に至ることであり、そのためには、二つの障りをなくさなければなりません。ひとつは、解脱に至ることを妨げている煩悩という障り（煩悩障）であり、もうひとつは、一切智を得ることを妨げている所知障という障りです。

ですから、大乗の観点からいうと、煩悩をすべて滅して自分ひとりが解脱に至っても、まだ所知障を滅していないため、自分だけが解脱という寂静の快さに浸っているだけであり、一切の有情たちを利益することはできません。すべての欠点をなくして完全な悟りを得ているわけではないからです。

自分が苦しみから逃れたいと望み、幸せを求めているのと同じように、数限りないすべての生きとし生けるものたちも、苦しみを望まず、幸せを求めているのはまったく同じです。ですから、自分を助けてくれた恩のある人たちや、自分と関わりのある人たち、そして、無数の前世において母となって自分を育ててくれたすべての有情たちのことを無視して、自分だけが幸せになることを考えているとしたら、それは狭くて小さな考えかたでしかありません。そこで、すべての有情たちの役に立つことこそ何よりも大切なことだと考えて、自分の心を訓練していくべきなのです。これが、大乗仏教の教えです。

このようにして心を訓練し、修行をしていくとき、大勢のためにひとりを犠牲にするのは正しいことであり、ひとりのために大勢を犠牲にすることは愚かなことだと、心からそう思えるようになるのです。少しずつ心を訓練していくならば、次第に心の中でそのように考えられるようになって、すべての有情たちのためになることをしたいという思いが心の底からわいてくるようになります。

すると、すべての有情たちに究極の幸せを与えるために、完全なる仏陀の境地に至らせてやりたい、そのためにはまず、自分がその境地に至って一切智を得なければならない、という思いが起きてきます。そのとき、すべての有情たちのために役立ちたいという究極の利他の心、つまり菩提心が育まれてきて、心の底から悟りを得たいと願う気持ちが生じてくるのです。

このようなものの考えかたを、英語でシステマチックといいますね。系統立てられた考えかたのことです。このように、仏教の教えはすべての人たちに適応できる論理的な考えかたなのであり、チベット人だけのものではありません。

六波羅蜜の修行からタントラの修行へ

菩提心を起こしたなら、六波羅蜜《ろくはらみつ》の修行に入ります。六波羅蜜とは、大乗仏教においての菩薩がなすべき布施・持戒・忍耐・精進・禅定・智慧という六つの修行のことであり、この実践を完成させることによって悟りに至ることができるのです。

菩提心を育んで、悟りを得たいという強い願いを起こすためには、まず菩薩の行いに従事し、それを実践したいと熱望する気持ちを育てることが必要です。

そして、菩薩の行いを実践したいという心が強く起きてきたなら、菩薩の実践修行に入るための決意と約束をして、菩薩戒を授かります。さらに、タントラの修行をするのであれば、タントラ戒を授かります。

三つの下位のタントラでは有相ヨーガ（対象のあるヨーガ）と無相ヨーガ（対象のない空のヨーガ）、無上ヨーガタントラでは、生起《しょうき》次第《しだい》（生成のプロセス）と究竟《くきょう》次第《しだい》（完成のプロセス）を修行することになります。これもすべて『ユンテン・シルキュルマ』の中に説かれており、これらの修行の段階について読誦しながら瞑想するのです。

このように心を訓練することに徐々に慣れてくると、ゆっくりと心の中によき変容が起きてきます。それには、経典をたくさん読むことも必要です。

6. カーラチャクラタントラについて

無上ヨーガタントラの分類

密教は、所作タントラ、行タントラ、ヨーガタントラ、無上ヨーガタントラという四つの種類に分類されています。カーラチャクラタントラは、この中で無上ヨーガタントラに入ります。

無上ヨーガタントラには二種類の分類方法があり、ひとつの分類方法では、父タントラと母タントラに分けています。この方法では、カーラチャクラは母タントラに入ります。もうひとつの分類方法では、父タントラ、母タントラ、不二タントラの三つに分けていて、この方法ではカーラチャクラは不二タントラに入ります。

父タントラと母タントラに分ける方法で、カーラチャクラが母タントラに分類されているのはなぜかというと、カーラチャクラタントラでは、「空のからだ」（空色身《くうしきしん》）を成就するための修行が説かれていますが、これは不動の大楽、不動の信仰、不動の智慧を得るためです。そのために最も強調されている教えが「本源的な光明の心」なので、カーラチャクラは母タントラであるとされています。

一方で、秘密集会《ひみつしゅうえ》（グヒヤサマージャ）タントラは父タントラですが、なぜそうなのかというと、「本源的な光明の心」を主な内容として説いているだけでなく、「本源的な光明の心」を体験するための特別な手段となる「幻のからだ」（幻身）を得るための因についても大変詳しく説かれているので、父タントラに分類されているのです。「幻のからだ」（幻身）は、父尊によって象徴されるからです。

「本源的な光明の心」は、すべての無上ヨーガタントラの経典の中で主な修行の対象として強調されているので、父タントラであることと、「本源的な光明の心」を主な内容として説いていることとは、矛盾するものではありません。

また、カーラチャクラタントラを不二タントラであるとする人々の解釈によると、カーラチャクラタントラでは、「不動の大楽」と、それを得るための手段となる「空のからだ」（空色身）が非常に明瞭に説かれています。この点は、他のタントラでは秘密にされているのです。何を秘密にしているのかというと、この二つの不二の境地をはっきり説いておらず、第四の灌頂を秘密にしているのです。

しかし、カーラチャクラタントラは第四の灌頂を秘密にせず、明瞭に説いています。ですから、カーラチャクラタントラでは、第四の灌頂である不二の境地が、つまり、方便と智慧に象徴される「空のからだ」（空色身）と「不動の大楽」が、分け隔てることのできないひとつの本質のものとなっていることをはっきりと明瞭に説かれているので、不二タントラであるといわれているのです。

「土台の三身」「修行道の三身」「結果の三身」

さて、法身、報身、化身という仏陀の三つのおからだ（三身《さんじん》）には、土台、修行道、結果という三つの段階における三身があります。「結果の三身」は、修行の結果仏陀となったときの三身のことであり、「修行道の三身」とは、仏陀となるための修行道の段階における三身のことであり、そのもととなる土台の段階が、「土台の三身」です。

これについては、主に秘密集会タントラの中に詳しい解説があり、三つの段階における三身がなぜ重要なのかということについて、ナーガールジュナとアーリヤデーヴァは次のように説明されています。

「結果の三身」は、その結果を生むのに見合わぬ因から生じることはなく、その結果を生むことのできる力を持った因から生じてこなければならないので、自分の外見と同じ姿をしている「修行道の三身」によって達成されなければなりません。

そして、「修行道の三身」も、私たちには本来的に備わっている「土台の三身」があり、それはもとから自然にあるものなので、それを土台として巧みな手段を用いることによって、「修行道の三身」が生じてきます。そして、「修行道の三身」の連続体の流れが完璧なものとなると、「結果の三身」が生じるのです。これについては、主に秘密集会タントラの教えの中に詳しく説かれています。

「土台の三身」

――死の光明、中有（バルド）、生

では、「土台の三身」とは何のことをいっているのでしょうか？

死の光明は、「土台の三身」の法身とみなされます。中有《ちゅうう》（バルド）*は、一般には三界《さんがい》の中の無色界*に生まれるときはありませんが、欲界と色界に生まれるときにはあります。

中有（バルド）があるとき、「土台の三身」、「結果の三身」と一番よく似ているのは、地・水・火・風・空・意識という六つの構成要素（六大）を持ち、母の子宮から生まれてくる人間が死んで、再び六大を持ち、母の子宮から生まれてくる人間として新たな生を受けるときです。そのときの中有（バルド）が、この世に生を受けるための生存となります。

この過程における、死の光明、中有（バルド）、生の三つを「土台の三身」といいます。つまり、死の光明が「土台の法身」、中有（バルド）が「土台の報身」、生が「土台

の化身」をあらわしているのです。

無上ヨーガタントラの修行方法

カーラチャクラ以外の他の無上ヨーガタントラの場合は、不浄な「土台の三身」を浄化するために、次のような方法をとります。

「土台の法身」である死の光明を、修行によって疑似的に体験することによって汚れた死を浄化して「修行道の法身」に転化し、「土台の報身」である汚れた中有（バルド）を浄化して「修行道の報身」に転化し、「土台の化身」である汚れた生を浄化して「修行道の化身」に転化するのです。

中有（バルド）　死んでから次の生を受けるまでの中間の生存。有情が生まれて死に、次の生を受けるまでの過程を四つに分けたものを四有［しう］といい、そのひとつ。

三界・無色界　欲界［よくかい］・色界［しきかい］・無色界［むしきかい］という三つの世界のことを三界といい、輪廻の領域に等しい。欲界は欲望の世界。色界は、物質的な存在（色）だけの世界。無色界は、物質的な存在もない世界。六道輪廻の中で、地獄・餓鬼・動物・阿修羅・人間は欲界に属するが、神の世界（天界）には、欲界・色界・無色界のすべてがある。

このようにして不浄な「土台の三身」を浄化することによって「修行道の三身」を得ることができます。そして「修行道の三身」の連続体の流れを徐々に浄化していくと、完全に清浄な三身となり、「結果の三身」を成就することができるのです。これがカーラチャクラ以外の他の無上ヨーガタントラの修行方法です。

カーラチャクラタントラの修行方法

カーラチャクラでは、他の無上ヨーガタントラとは違って、次のように説いています。カーラチャクラでは、中有（バルド）を浄化して報身に転化する修行を説いていません。生と死を浄化すると、中有（バルド）も浄められたことになるので、中有（バルド）を浄化するための修行は説かれていないのです。

他の無上ヨーガタントラの場合には、三身を修行の道として使うことは生起次第《しょうきしだい》（生成のプロセス）*の段階で説明されています。そして究竟次第《くきょうしだい》（完成のプロセス）*の段階で、「修行道の三身」を達成するとされています。

他の無上ヨーガタントラでは、このように説明されていますが、カーラチャクラタントラの場合には、生と死を浄化すると中有（バルド）は浄められたことになるのです。ですから、カーラチャクラの究竟次第で説かれている「六つのヨーガ」（六支ヨーガ）＊によって、生と死を浄化する修行が説かれているだけであり、その準備段階である生起次第でも、生と死を浄化するだけで、中有（バルド）を浄化する修行は説かれていません。これがカーラチャクラタントラと他の無上ヨーガタントラとの主な違いです。

生起次第・究竟次第　無上ヨーガタントラを実践するための第一段階が生起次第、第二段階が究竟次第。生起次第は、本尊ヨーガやマンダラの生起の修行を行うので「生起のプロセス」と呼ばれる。究竟次第は、「完成のプロセス」と呼ばれ、後期密教の生理学説に基づく脈管（ツァ）・風（ルン）・心滴（ティグレ）に瞑想し、風（ルン）をコントロールするための修行を行う。死・中有（バルド）・生を浄化して、本尊の法身・報身・化身に転化させる修行。

カーラチャクラの六つのヨーガ　①抑制（風（ルン）を制御して集める）、②禅定（安定させる）、③止息（風（ルン）が中央管に流入し始める）、④保持（中央管に流入した風（ルン）が脈管内に保持される）、⑤憶念（風（ルン）の心滴（ティグレ）への流入）、⑥三昧（赤白の菩提心が二一六〇〇積み重ねられて中央管は満杯になる）

カーラチャクラタントラの究竟次第

カーラチャクラタントラが他の無上ヨーガタントラと違っている特別な点をもうひとつ説明しましょう。

他の無上ヨーガタントラでは、究竟次第で修行するヨーガについて、風（ルン）が中央脈管に入って、保持され、溶け込んだとき、そこから究竟次第が始まると説明されています。

しかし、カーラチャクラタントラの究竟次第では、「六つのヨーガ」の第一の風（ルン）を集める段階では、風（ルン）が中央脈管に入って、保持され、溶け込むという説明はありません。外界の対象物と、目、耳、鼻、舌、からだという感覚器官から生じる意識の関係を断つことによって、風（ルン）を集め、五感によって生じる意識が対象物をとらえないようにしたとき、風（ルン）を集めたことを示す「土台の空色身」が現れる、と説明されています。この「土台の空色身」は、本物の空色身ではなく、本物によく似た土台における空色身のことです。

まとめると、他の無上ヨーガタントラの修行は、風（ルン）が中央脈管に入って、保持され、溶け込んだことによって得られる「倶生の大楽」により「空」を悟ったならば、それを究竟次第としています。

カーラチャクラの場合には、風（ルン）が中央脈管に入って、保持され、溶け込んでからを究竟次第とするのではなく、最初に風（ルン）を制御して集める段階から「六つのヨーガ」がはじまるのであり、ここからがカーラチャクラタントラの究竟次第であるとしています。

ですから、究竟次第には、風（ルン）が中央脈管に入って、保持され、溶け込んでからを究竟次第とする他の無上ヨーガタントラの解釈と、風（ルン）を制御して集める段階からを究竟次第とするカーラチャクラの解釈があるのです。

外・内・別のカーラチャクラ

またカーラチャクラには、外のカーラチャクラ、内のカーラチャクラ、別のカーラチャクラの三つがあります。外と内の二つのカーラチャクラは、地・水・火・風・空という五大要素によって成り立っているものです。

外のカーラチャクラとは、外部世界のことであり、太陽、月、星などを含む宇宙全体のことを指しています。

内のカーラチャクラとは、内部世界のことであり、脈管（ツァ）、風（ルン）、滴（ティグレ）など私たちのからだのことを意味しています。

そして、別のカーラチャクラとは、外部世界と内部世界の不浄な要素を浄化するための修行である生起次第と究竟次第のことをいいます。

また、カーラチャクラ尊のおからだには、四つのお顔、二十四本の手、二本の足があり、濃紺、赤、白、黄の色に分かれています。カーラチャクラマンダラの中には、七百二十二の諸尊がおられます。

シャンバラ国とカーラチャクラタントラ

他の無上ヨーガタントラとの違いをもうひとつお話ししましょう。

たとえば、秘密集会タントラは、釈尊がインドラブティ王に説かれた教えです。インドラブティ王は大きな国の国王であり、この教えは国王であるインドラブティに説かれたのですが、王が治めていた国には秘密集会タントラの教えは広まりませんでした。インドラブティ王が一個人として秘密集会タントラの教えを受けたのみであり、王の治める国にはこの教えは広まらなかったのです。

一方、カーラチャクラタントラは、シャンバラ国のスチャンドラ王（法王ダワ・サンポ）が釈尊から授かった教えですが、このスチャンドラ王によって、シャンバラ国はカーラチャクラタントラの教えが広く普及した特別な国になりました。ですから、カーラチャクラタントラは、秘密集会タントラや勝楽（チャクラサンヴァラ）タントラなどと違って、国中に広まった教えとなったのです。

その後シャンバラ国では、スチャンドラ王をはじめとする七人の法王と、二十五人の教えの継承者が続き、そののちの世にも転輪王が次々と地上に出現するであろうという予言がされていました。

『般若心経』が説く「空」の智慧とカーラチャクラタントラ

しかし、このようにお話すると、皆さんは、カーラチャクラという実体を持った本尊が、それ自体の側から独立して存在しているかのように思ってしまうかもしれませんね。カーラチャクラという本尊や、その教えが広まったシャンバラ国も、実体のあるものとしてそれ自体の側から存在しているような気がしているのではないでしょうか。

しかし、そんなふうに考えてしまったのでは、『般若心経《はんにゃしんぎょう》』を学んだ意味がなくなってしまいます。『般若心経』の中では、「眼もなく、耳もなく、鼻もなく、舌もなく、からだもなく、心もない」と述べられていますね。また、「物質的な存在もなく、音もなく、香りもなく、味もなく、触れられる対象もなく、（心の対象となる）現象もない」といわれていますね。そのお言葉の意味は、これらのすべての現象には実体がなく、幻や夢のようなものとして、世俗のレベルにおいて存在しているだけに過ぎない、といわれているのです。

ですから、タントラを修行する場合も、『般若心経』に説かれている「空」を理解する智慧がないと、修行を成就することはできません。

チベットに伝わる仏教が、小乗、大乗、密教（タントラ）のすべての教えがそろった完璧な修行の道であるという点は、本当にすぐれた特徴だと思います。カーラチャクラの修行を実践する場合も、『般若心経』によって「空」を理解する智慧を育んだなら、カーラチャクラ尊のことを実体のある本尊だと考えることは、『般若心経』の教えと矛盾することだとわかるはずです。ですからカーラチャクラ尊のことも、「空」の本質を持ったものだと見るべきなのです。

【著者】
ダライ・ラマ14世テンジン・ギャツォ
1935年、チベット北東部アムド地方タクツェル生まれ。2歳のときダライ・ラマ13世の転生者であるとの認定を受ける。1959年、中国のチベット侵攻の激化に伴い、インドに亡命、ダラムサラに亡命政権を樹立。1989年、チベット問題の非暴力・平和的解決手法と世界平和への貢献が評価され、ノーベル平和賞受賞。世界50カ国以上を歴訪し、平和のメッセージ、宗教間の相互理解、世界的な問題に対する責任感、慈悲心を伝えることに尽力している。著書は『ダライ・ラマ自伝』(文藝春秋)『ダライ・ラマの仏教入門』(光文社)他多数。

【訳者】
マリア・リンチェン
高知県生まれ。早稲田大学理工学部建築学科卒業。1985年よりダラムサラ在住。ダライ・ラマ法王をはじめとする高僧の法話の通訳を務め、2000年以来、ダライ・ラマ法王来日時の通訳を担当する。訳書に『ダライ・ラマ　未来への希望』『ダライ・ラマの「中論」講義』(大蔵出版)、『思いやり』『心の平和』(サンマーク出版)など。

【制作協力・写真提供】
ダライ・ラマ法王日本代表部事務所(チベットハウス・ジャパン)
ダライ・ラマ法王およびチベット亡命政権の正式な代表機関として、1976年に東京に開設される。現在の管轄範囲は、日本を含む東アジア地域。チベット亡命政権各省庁の公式な窓口としての役割を果たし、チベットおよび亡命チベット人社会、チベット文化に関するさまざまな情報提供に努める。
[ホームページ] http://www.tibethouse.jp

ダライ・ラマの『般若心経』
——日々の実践——

2011年　11月　10日　第1版第1刷発行

著　者　ダライ・ラマ14世
　　　　テンジン・ギャツォ

訳　者　マリア・リンチェン
発行者　高　橋　　考
発行所　三　和　書　籍

〒112-0013　東京都文京区音羽2-2-2
TEL 03-5395-4630　FAX 03-5395-4632
sanwa@sanwa-co.com
http://www.sanwa-co.com

印刷/製本　モリモト印刷株式会社

ISBN978-4-86251-121-8 C0015